本书同时获得广东省哲学社会科学"十二五"规划项目"政府支出、居民消费与财政政策选择"(GD15XYJ18)的资助

Fiscal Expenditure, Household Consumption and

Fiscal Policy Choices

广州大学·青年博士学术文库

财政支出、居民消费与财政政策选择

牛 倩 ◎著

社会科学文献出版社
SOCIAL SCIENCES ACADEMIC PRESS (CHINA)

摘　要

　　财政支出是政府在宏观调控过程中所使用的重要财政政策工具。积极财政政策的实施为阻止经济下滑做出了重要贡献，但自1998年开始凸显的居民消费不足问题却一直没有得到解决。当前，在中国内需不足的经济背景下，如何运用合理的财政支出政策拉动居民消费成为政府亟待解决的关键问题。

　　本书的主体部分从财政支出政策影响居民消费的理论框架出发，逐步阐述了中国居民消费的现状和制约因素，分析了中国财政支出政策扩大内需的效果和存在的问题。基于宏观视角，本书选取了中国1998~2012年31个省份的面板数据，利用GMM估计方法，分别以城乡、区域和经济周期三个角度为切入点，具体分析了财政支出总量及结构对居民消费的影响。基于地方政府的视角，本书以F省为例，选取该省1994~2012年25个县市的面板数据，利用PVAR方法，分析了财政支出对居民消费的冲击效应。对于地方政府来说，经济发展程度不同，财政支出对居民消费的冲击效应不同。最后，本书根据前文的分析结果，提出了财政支出政策促进居民消费的优化选择，从优化财政支出结构、调整收入分配结构和完善社会保障体系等几个角度进行分析，提出了提高居民消费能力和强化居民消费信心的政策建议。

　　关键词： 财政支出　居民消费　财政政策

Abstract

Fiscal expenditure is one of the most important tools of fiscal policy in macroeconomic market. The proactive fiscal policy made a great contribution to prevent economy downturn, but the problem of underconsumption has not been solved since 1998. At present, it is necessary for government to promote household consumption in the background of weak domestic demand.

The main part of this paper is start by the theoretical frame about the fiscal expenditure effect household consumption, and then it describes the present situation of Chinese household consumption and restricting factors step by step, and analyzes the financial effect and existing problems in the course of the expansion of domestic demand. On the grounds of macro perspective, the paper choose figures about 31 provinces from 1998 to 2012, using the GMM estimation method, and it starts from three perspectives such as urban-rural, regional, economy cycle, discusses the total amount and structure of fiscal expenditure's influence on household consumption based on the angle of local governments, this paper take 25 counties of F province as the study objection, the data area is in 1994 – 2012. Using the panel vector auto regression model to estimates the impact effect on household consumption from fiscal expenditure. On the part of the local government, the impact effect on household consumption from fiscal expenditure depends on the current economic situation. Finally, based on the analysis before, the paper put forward some policy proposals about how to promote household consumption, including increase consuming capacity and heighten consuming confidence. It analyses the topic from these angles such as to perfect fiscal expenditure structure, to adjust the distribution structure, and to strengthen the social guarantee system, etc.

Keywords: fiscal expenditure; household consumption; fiscal policy

Content

目录

第一章　引言 / 001
　　一　选题的背景和意义 / 001
　　二　文献研究和评述 / 007
　　三　框架结构和主要内容 / 025
　　四　研究方法及创新和不足 / 028

第二章　财政支出政策影响居民消费的理论框架 / 031
　　一　财政政策工具的比较 / 031
　　二　财政支出政策干预经济的依据 / 036
　　三　财政支出影响居民消费的理论分析 / 040

第三章　中国财政支出影响居民消费的现状 / 046
　　一　中国居民消费现状 / 046
　　二　制约居民消费的因素分析 / 052
　　三　中国拉动居民消费的财政支出政策实践 / 057
　　四　中国财政支出政策的实施效果和问题分析 / 060

第四章　财政支出影响居民消费的国际经验借鉴 / 066
　　一　发达国家财政支出影响居民消费的实践分析 / 066

二 发展中国家财政支出促进居民消费的实践分析 / 074
三 国外经验借鉴 / 081

第五章 中国财政支出影响居民消费的实证研究 / 086
一 问题分析的基础 / 086
二 财政支出对城乡居民消费的影响 / 090
三 财政支出对区域居民消费的影响 / 104
四 经济周期中财政支出对居民消费的影响 / 111

第六章 财政支出对居民消费的冲击效应研究
——以F省为例 / 120
一 F省财政支出影响居民消费的政策实践 / 120
二 计量方法和模型设定 / 125
三 实证结果分析 / 130
四 结论 / 140

第七章 财政支出政策促进居民消费的优化选择 / 142
一 优化财政支出结构，提高财政资金扩大内需效率 / 142
二 调节收入分配结构，提高居民消费能力 / 146
三 完善社会保障制度，增强居民消费意愿 / 150
四 正确定位政府职能，保证市场自由公平 / 152

参考文献 / 156

Content

目录

Chapter 1　Introduction / 001
1. The Background and the Purpose of the Research / 001
2. Literature Review and Commentate / 007
3. Frame Construction and Main Content / 025
4. The Method, Innovations and Deficiencies of the Research / 028

Chapter 2　Theoretical Framework about Influences of Fiscal Expenditure on Household Consumption / 031
1. The Comparison of Fiscal Policy Instruments / 031
2. The Basis of Fiscal Expenditure Intervene the Economy / 036
3. The Theoretical Analysis about Influences of Fiscal Expenditure on Household Consumption / 040

Chapter 3　The Present Situation about Influences of Fiscal Expenditure on Household Consumption / 046
1. The Household Consumption Situation of China / 046
2. The Limiting Factors of Household Consumption / 052
3. The Practice of Fiscal Expenditure to Promote Household Consumption in China / 057

4. The Analysis about Implementing Effects and Problems of Fiscal Expenditure Practice / 060

Chapter 4 The International Experience about Influences of Fiscal Expenditure on Household Consumption / 066

1. The Analysis of Fiscal Expenditure Practice in Developed Countries / 066
2. The Analysis of Fiscal Expenditure Practice in Developing Countries / 074
3. The Overseas Experiences / 081

Chapter 5 The Empirical Study about Influences of Fiscal Expenditure on Household Consumption / 086

1. The Basis of Our Research / 086
2. The Fiscal Expenditure Influences on Urban and Rural Household Consumption / 090
3. The Fiscal Expenditure Influences on the Regional Household Consumption / 104
4. The Fiscal Expenditure Influences on Household Consumption in Business Cycle / 111

Chapter 6 Fiscal Shocks and the Responses of Household Consumption: Taking F Province as an Example / 120

1. The Experience about Influences of Fiscal Expenditure on Household Consumption in F Province / 120
2. The Measurement Methods and the Econometric Model / 125
3. The Empirical Result Analysis / 130

4. Conclusions / 140

Chapter 7 The Optimization Selection of Fiscal Expenditure Policy / 142

1. Optimize the Structure of Fiscal Expenditures to Improve the Efficiency of the Financial Fund / 142
2. Adjust the Income Distribution to Increase People's Consumption Capability / 146
3. Improve Social Security System to Increase People's Willingness to Spend / 150
4. Localize the Proper Role of Government to Ensure Market Free and Fair / 152

References / 156

第一章 引言

当前,在中国内需不足的经济背景下,关于财政支出影响居民消费的研究具有重要的理论意义和现实意义。国内外已有较多文献针对财政支出如何影响居民消费展开了深入细致的研究,但受研究方法、数据范围、现实国情和经济发展程度等因素的影响,众多学者得出的结论也大相径庭。为了应对经济危机,中国在1998年和2008年先后两次实施了以"增支减税"为主要内容的扩张性财政政策。其中,财政支出一直是中国所使用的重要财政政策工具,但政策效果却没有达到预期目的。要想保证消费在经济发展中发挥基础性作用,在下一步宏观调控中,如何运用合理的财政支出政策拉动居民消费是政府亟待解决的关键问题。

一 选题的背景和意义

(一)选题背景

改革开放以来,中国整体经济结构在经过持续三十多年的高速增长之后出现了较大的变动,基本结束了"短缺经济"时代,经济增长模式已从供给约束型转向需求约束型,消费、投资和出口这三大因素已经成为拉动中国经济快速增长的重要力量。

然而，消费、投资和出口对经济增长的作用存在着很大差异。自 1990 年以来，中国出口以年均 22% 的速度增长，对带动经济发展做出了重要的贡献。但与此同时，出口也给中国经济发展带来了很大的不确定性，经济逐步远离"出口拉动模式"。2007 年之前，中国净出口对 GDP 涨幅的贡献率最高达到 2.5% 左右。受 2007 年美国次贷危机所引发的全球经济危机的影响，近三年来这一贡献度接近于 0。欧洲、美国和日本等中国产品主要出口地区的市场需求急剧下降，致使出口这一中国经济增长主要动力出现大幅下降。外需的减少导致中国 2008 年、2009 年经济增长率下滑，终止了中国经济连续多年所呈现的两位数的增长态势，由此也表明了依靠出口的经济增长模式是不能持久的，扩大国内需求才是保持中国经济增长的持久动力。"扩内需、调结构、促增长"成为中国在应对经济危机后的重要发展目标。投资和消费是内需的两大组成部分，其中，投资作为一种中间需求，实质上是消费的一种引致需求，而消费则是国民经济发展的基础和动力，是保证国民经济持续、协调和快速发展的重要力量。衡量一个经济体投资和消费的指标是"终端消费支出"和"资本形成总额"。20 世纪 80 年代末和 90 年代末是"消费拉动型增长"的黄金时期，投资对经济的贡献波动幅度较大，直到 21 世纪才成为稳定的增长来源。2000 年以来，随着中国经济规模的迅速扩张，消费和投资之比呈现下降趋势。

在众多发达国家中，消费一直是拉动经济增长的重要动力，政府在执行宏观经济政策时一般都特别强调居民消费在总需求中的重要地位。但是多年来中国经济高速增长的推动力量，却是政府和企业轮番兴起的投资热潮，居民消费并未在经济发展中发挥重要作用。数据显示，2000~2010 年，中国居民消费率和最终消费率处于连年下降趋势，仅在之后的 2011 年和 2012 年开始出现小幅回升。2010 年，中国居民消费率和最终消费率同时降到历史最低水平，分别为 34.94% 和 48.19%，2012 年居民消费率和最终消费率在经过小幅回升之后分别为 35.98% 和 49.47%，仍低于众多发达国家和发展中国家的水平。例如，在发达国家方面，2011 年德国的居民消费率是 57.4%，2010 年美国的居民消费率是 70.9%，2011 年英国的居民消费率为 75%，2011 年意大利的居民消费率为 61.3%；在发展中国家方面，2011 年印度的居民消费率为 56.0%，2011 年俄罗斯的居民消费率为 48.9%，等等。

作为最终需求，消费和广大民众的福利水平息息相关。居民消费率过低将会成为阻碍经济社会发展的重要因素。目前，中国的基本国情为：处于工业化中期、城市化加速、市场经济体制面临转轨、产业结构亟待重大调整，同时经济面临全球化的冲击。在这种情况下，居民消费率过低必然会引发各种社会矛盾。为此需要政府出台相关宏观调控政策，充分发挥"看得见的手"的调节作用，达到扩大内需的目的。近年来，在宏观调控政策的使用上，中国结合自身实际情况，并借鉴其他国家宏观调控经验，选择了财政政策作为最重要的调节工具之一，于 1998 年和 2008 年先后两次出台了积极的财政政策，即扩张性的财政政策。财政政策的实施为阻止中国经济下滑和保持经济增长做出了重要贡献。在财政政策工具的选择方面，1998 年在应对亚洲金融危机时采用的主要财政政策工具是国债和财政支出，2008 年在应对全球经济危机时使用的主要财政政策工具是财政支出和结构性减税。中国正处于市场经济转轨时期，如果政府在调控经济的过程中合理有效地利用财政支出、税收和国债等财政政策工具，将会有利于宏观经济的稳定和发展，并有助于优化经济运行结构，提高经济发展的质量，加快经济发展的速度。

各种财政政策工具在调节经济中所发挥的作用是有很大差异的。具体来说，税收政策方面，税收可以较好地反映政府宏观经济政策的方向，但是却无法准确反映财政政策扩张或者紧缩的程度；国债政策方面，根据李嘉图等价定理，国债相当于延迟的税收，二者虽然以不同方式取得了财政收入，但是对完全理性消费者所产生的影响是相似的；财政支出政策则直接反映了政府财政政策紧缩或扩张的程度，政府可以根据经济形势具体安排财政资金，合理控制财政支出的乘数效应对经济所产生的影响。事实上，在国内外关于财政政策的研究文献中，学者们一般将财政支出视为财政政策的代理变量（陈建宝、戴平生，2008：26~32）。鉴于财政支出在财政政策运行中所发挥的重要作用，在财政政策对居民消费的影响方面，本书选取了财政支出这一重要的财政政策工具作为研究对象。国内外学者的众多研究，在分析财政支出对居民消费的影响方面，一般将财政支出进行分解：一种是按照财政支出的用途分类，即分为基本建设支出、科教文卫支出、行政管理支出和国防支出等；一种是按照经济性质将财政支出分为购买性支出和转移性支出等。

2008年以来，随着积极财政政策的实施，中国经济出现了回暖，逐渐从萎靡不振中走了出来。消费领域随着经济的企稳向好也发生了显著的变化，如消费规模不断扩大、消费结构不断升级、消费观念不断更新、消费环境不断提升、消费政策不断完善等。但是，也应该清醒地看到，当前国内外经济形势仍然较为复杂。国外方面，欧债危机使各国损失较大，美国政府经历了财政悬崖和政府关门危机，印尼和印度等发展中国家也出现了经济低迷现象；国内方面，房地产市场泡沫严重，以4万亿元为代表的政府投资饱受诟病，税制改革进入关键时期等。一系列现象表明，对于正处于经济转轨时期的中国来说，当务之急是尽快优化经济发展结构，积极扩大内需，利用内需带动经济继续增长，由此以消费拉动经济增长就成为中国下一步的发展目标。2013年，中国政府工作报告明确表示，要坚定不移地把扩大内需作为经济发展的长期战略方针，充分发挥消费的基础作用和投资的关键作用。扩大内需的难点和重点在消费，潜力也在消费。为了持续提高消费对经济增长的贡献度，政府应选择的切入点包括增强消费意愿、提高消费能力和稳定消费预期等多个方面（政府工作报告，2013）。为此，应尽快优化财政支出结构，充分发挥财政的宏观调控职能，进一步提高居民消费水平。

（二）选题意义

1. 理论意义

生产决定消费，是消费的基础；消费反作用于生产，是生产的目的和生产进一步扩大的动力。马克思消费理论认为，社会生产包括四个环节：生产、分配、交换、消费。这四个环节构成了社会生产的全部过程，缺一不可。其中，生产是整个过程的决定因素，是整个生产过程的起点，而消费是生产的目的，是社会生产过程的终点。生产出来的产品，经过分配和交换，最终来到消费环节。而消费需求的增加将进一步创造生产新产品的需要，可以在很大规模上拓宽市场，扩大生产的规模，生产和消费的反复循环必然要求流通扩大和市场扩大。由此可见，消费在促进经济发展方面发挥着重要作用，关于财政支出影响居民消费的研究可以在一定程度上助力于完善中国的财政支出理论。

财政政策促进居民消费的研究存在着较多的争论。影响较大的学派之间的争论存在于凯恩斯主义和新古典主义之间，两者争论的核心是政府增加财政支出或者降低税负对居民消费所产生的效应，即挤入效应和挤出效应的争论。事实上，众多学者目前已经利用多种理论模型和不同国家的宏观经济数据证明了自己的观点，尽管这些观点大相径庭，但众多学者指出，凯恩斯主义所主张的利用增支减税的扩张性财政政策刺激总需求并不总是有效的，在部分情况下甚至会导致政府出现巨额的财政赤字或难以弥补的债务规模。和国外出现的较多有影响力的观点相比，中国财政政策影响居民消费的理论较为匮乏，同时，也没有出现对财政支出政策影响居民消费的效果做出全面研究和评价的文献，政府在应对经济萧条时，总是习惯性地运用凯恩斯主义所提倡的扩张性财政政策，增加财政支出或者减少税收，或二者并用。

财政支出政策影响居民消费的研究一直是宏观经济研究中的热点。本书在借鉴前人文献研究的基础上，梳理了财政支出政策影响居民消费的理论框架，运用改革开放以来中国省级和县级面板数据详细考察了财政支出政策对居民消费的影响，并立足于中国国情对各种财政政策工具挤入或者挤出居民消费进行了深入分析。所以本书的理论价值在于为中国政府根据经济运行态势出台相关的宏观调控政策提供理论依据和决策思路，同时丰富宏观调控理论体系，对完善财政理论与推动财税学科发展做出了一定贡献。

2. 现实意义

本书研究的现实意义主要表现在以下三个方面。

首先，有助于政府进一步优化财政支出结构。中国"内需发展失衡"主要是指居民消费不足，尤其表现为农村居民消费不足。居民消费不足是市场失灵的表现，亟须政府出台相关措施提高居民消费水平。因此研究扩大居民消费的财政支出政策已经成为推动经济可持续发展的必然选择，也成为解决中国内需不足问题的关键所在。虽然中国自1997年亚洲金融危机爆发后就启动了扩大内需的财政政策，但是至2008年全球经济危机爆发前后，中国存在的关键问题仍然是内需不足，特别是居民消费不足。在一定程度上，本书关于财政支出政策影响居民消费的研究为优化财政支出结构提供了合理的政策建议。

其次，有助于理顺消费和拉动经济增长的另外"两驾马车"的关系。通过研究财政支出对居民消费的影响，可以促使政府出台合理的经济刺激方案，在拉动经济增长时既不过度依赖投资和出口，也不过度依赖消费，正确处理三者在拉动经济发展方面的关系，保证中国经济发展立足于国内需求，正确处理投资和消费的关系。20世纪90年代中期以来，投资率持续走高，消费率不断下降，投资和消费的不协调越来越成为经济发展中的主要问题，经济增长呈现明显的投资主导型的特征。由于消费需求是真正意义上的需求，是社会再生产的重点和起点，所以只有消费需求的规模扩大和结构升级才能使生产能力、生产规模的扩大和提高建立在坚实的基础之上。由于消费需求是经济增长的原动力，所以扩大居民消费，使消费成为带动经济增长的关键力量，是当前中国经济发展的迫切需求。

最后，扩大居民消费是充分吸取东南亚国家依赖出口模式教训的要求。东南亚国家和日本依赖出口模式的教训证明，一个国家经济发展的可持续性和稳定性，应该由本国的经济发展形势决定。依赖国际市场并将自身的经济发展前景交由其他国家掌握，就失去了发展的主动性和安全性。所以，中国应通过扩大国内需求，降低对他国经济发展的依赖程度，从而维护好本国经济发展的稳定性，推动经济健康快速发展。

总的来说，深入考察政府财政政策出台和实施的合理性，特别是完善促进居民消费的财政支出政策，对于中国经济的长远发展具有深刻意义。

二 文献研究和评述

（一）国内文献综述

1. 影响居民消费需求的因素分析

陈斌开等（2014）学者通过研究证明，中国存在着居民消费不足的问题。关于中国居民消费较低的原因，国内文献研究对此观点各异，提出最多的原因是居民之间收入分配不公。袁志刚、朱国林（2002）指出，收入分配会影响总消费，合理的转移支付和收入再分配政策有助于提高总消费，具体来说，在总收入固定的情况下，中等收入群体的数量和社会总消费呈正向变动关系。臧旭恒、孙文祥（2003）指出由于收入水平的巨大差距，中国城镇和农村居民的消费结构存在很大差异，其中，城镇住房制度、医疗制度、教育制度等社会福利制度是引发城乡居民消费结构差异的重要原因。马强（2004）表示，导致居民消费需求不足的成因在于消费主体和消费环境。在消费主体方面，城镇居民的收入增速和经济增速渐趋同步，而农民收入增速却持续在低水平徘徊，从而城乡之间收入差距逐步扩大。王青（2005）认为城乡收入分配差距显著影响了城乡消费需求差距，从而也影响了城乡居民对城镇工业品、农产品的消费需求差额。娄峰、李雪松（2009）认为，城镇居民收入是影响中国居民消费的重要因素，由此收入差距对城镇居民消费具有显著的消极影响。樊纲等（2009）表示，长期的储蓄和消费失衡是造成中国贸易顺差的一个重要原因，其背后的根本原因是企业可支配收入相对于劳动者报酬不断提高带来的收入结构和储蓄结构失衡。吕冰洋、毛捷（2014）发现，政府生产性公共支出具有正的外部性，因此政府生产性公共支出的增加将推动投资消费比的上升。

其他影响居民消费需求的因素包括投资出口增速过大、制度缺失以及政府消费过大等。秦晖（2009）认为，市场化改革、政府权力扩张与责任缺失，弱势群体无讨价还价能力、利益受损，是中国居民消费率下降的根本原因。俞建国、王蕴（2010）认为，投资和净出口高速增长是2000年以来消费率持续下降的直接原因，在中国最终产品市场上，消费呈现"疲软"状态。投资和净出口的增速大大超过消费的增速，迫使消费在双重挤压下败下阵来。李永友（2010）在分析了中国的财政制度和财政政策之后，认为需求结构失衡在一定程度上是由财政体制、财政制度和财政政策内生等引起的。由于财政政策更加热衷于投资需求和出口需求，财政政策选择失衡与需求结构失衡陷入结构锁定状态。陈晓光、张宇麟（2010）指出，中国居民消费波动过大的主要原因是信贷约束和政府消费波动。其中，政府消费波动是引发中国居民消费波动大于产出波动的重要波动源。田青（2011）指出中国居民消费持续下降的原因除了上述的投资和出口增长过快以及城乡收入差距过大以外，还包括以下两个方面。其一，居民收入在国民收入中的份额下降，表现为居民收入占国民可支配收入的比重下降，以及作为居民收入主要来源的劳动者报酬占GDP的比重下降。其二，居民消费倾向下降，这与居民收入水平相对下降以及居民对未来风险和不确定性预期不断增强有关。李永友、钟晓敏（2012）认为，财政政策在提高居民消费能力的同时，也抑制了居民的边际消费倾向，所以即使财政政策保持着高强度运转，也没有改变居民消费率偏低的现状。

2. 财政支出和居民消费的关系研究

随着中国1998年和2008年两轮积极财政政策的实施，财政支出和居民消费的关系也逐渐成了中国学术界研究的热点问题，众多学者基于不同模型和不同的经济理论分别得出了不同的结论。

在挤出效应方面，黄赜琳（2005）采用随机动态一般均衡方法，将政府支出作为外生随机冲击变量，对改革后的中国经济进行了具体分析，结果显示改革后政府支出对居民消费产生了一定的挤出效应。胡蓉、劳川奇、徐荣华（2012）通过建立协整方程和误差修正模型对政府支出如何影响居民消费进行了实证研究，指出政府支出在短期内对居民消费具有挤入效应，在长期则具有挤出效应，并且农村居民消费对政府支出的敏感性较城镇居民低。李永友、钟晓敏（2012）研究了财政政策对城乡居民边际消费倾向的影响，指出没有预期到的财政政策冲击对居民边际消费倾向产生的综合效应为负。彭晓莲、李玉双（2013）在 Bouakez and Rebei（2007）的基础上，构建了一个包含财政支出冲击的 DSGE 模型，指出中国财政支出增加对居民消费存在挤出效应，对总产出有促进作用。但是通过增强财政支出与居民消费间的互补性，可以将财政支出的挤出效应变成挤入效应，从而财政支出增加能够同时带动产出增加和居民消费水平的提高。

在挤入效应方面，胡书东（2002）指出政府消费和居民消费整体上看是互补的关系，而不是替代的关系，即政府支出对民间消费的作用是挤入的，而不是挤出的。李广众（2005）在消费者最优消费选择欧拉方程的基础上推出分析政府支出与居民消费之间关系的模型，指出政府支出与居民消费之间表现为互补关系，积极财政政策对居民消费的拉动作用主要表现在提高城镇居民的消费水平方面。潘彬、罗新星、徐选华（2006）通过研究中国 1995~2004 年的时间序列资料和城市与农村家庭资料得出，政府购买性支出和居民消费是互补关系，并且互补程度基本相同，互补程度系数的范围大致为 0.32~0.38。李树培、白战伟（2009）认为政府支出每增加 1% 能带动居民消费支出增加约 1.03%，但这种促进效应的水平却经历了一个倒 V 形的变化，而且对城镇居民消费的促进效率一直高于对农村居民消费的促进效率，并且两者之间的差距仍在不断扩大。杨子晖等（2009）利用面板协整检验等方法，对包括中国在内的 27 个国家和地区进行了跨国研究，结果表明中国政府消费支出和居民消费是互补关系。赵蓓、战岐林（2010）通过建立一个分析消费决策的模型并利用省级面板数据得出减税和增加政府支出对消费具有正向影响，所以在经济衰退时，减税和增加政府支出可以有力地促进居民消费和扩大内需。

也有学者认为，财政支出和居民消费之间的挤入挤出效应不是绝对的。石柱鲜等（2005）根据财政支出分类差异指出，一方面，政府消费支出对居民消费是挤出的，政府投资支出则挤入了居民消费；另一方面，经济建设支出对居民消费是挤出的，而教育文化支出、行政管理支出则挤入了居民消费。王宏利（2006）表示，无论长期还是短期，政府消费支出会挤出居民消费，而政府投资支出会促进居民消费。王延军（2007）以非线性有效消费函数为基础，构造了一个政府支出与居民消费的跨期替代模型，指出在短期内，中国政府支出与居民消费呈互补关系，但在长期内，中国政府支出与居民消费呈替代关系。因此，在短期内，政府通过增加支出促进居民消费是有效的，但长期内则不可采取扩张性财政政策。楚尔鸣、鲁旭（2007）认为，从总量角度出发，地方政府支出对居民消费具有挤入作用，说明财政支出的规模较为合理；从结构角度出发，地方政府支出对居民消费具有较大的挤出作用，说明财政支出的结构严重扭曲。官永彬、张应良（2008）在代表性消费者最优消费行为理论分析的基础上，运用1978~2006年的经验数据，得出财政支出的结构和时期决定了其对居民消费的动态影响，并且财政支出对城乡居民消费的影响差异较大这一结论。王玉凤等（2015）认为，财政支出对居民消费的影响取决于生产性财政支出和消费性财政支出二者冲击作用的相对大小，若生产性财政支出冲击的强度大于消费性财政支出，则财政支出挤入居民消费；反之，则挤出居民消费。杨翱、李长洪（2016）通过构建动态随机一般均衡模型并分析得出结论，政府城镇（农村）消费性支出的增加对城镇（农村）居民消费的影响在短期内表现为挤出效应，在长期表现为挤入效应；政府城镇（农村）生产性支出的增加对城镇（农村）居民消费的影响在短期内表现为挤入效应，但长期效果并不明显。

苑德宇、张静静、韩俊霞（2010）通过构建居民消费和财政支出之间的动态模型，分析了财政支出对居民消费的具体影响，表示科教文卫支出对居民消费具有挤入效应，政府消费性支出挤出了居民消费，经济建设支出没有显著影响居民消费等。郑筱婷、蒋奕、林曒（2012）利用匹配的倍差法研究了中国在新一轮积极财政政策中为扩大内需而采取的"家电下乡"政策，指出"家电下乡"并未使试点县户均消费增长高于非试点县。限定期限补贴某一种产品会使农民的家电消费提前，信贷约束下的农户会减少其他产品的当期消费。郑尚植（2012）分别从总量和结构两个角度对政府支出与居民消费的关系进行了经验分析：从总量角度出发，地方政府支出对居民消费具有挤入作用；从结构角度出发，地方政府支出显著挤出了居民消费。另外，各类财政支出对居民消费产生了不同影响。胡东兰、夏杰长（2013）利用分税制改革以来的年度时间序列数据实证分析了中国财政收支结构与居民消费率之间的关系，指出转移性支出率对居民消费率有积极影响，购买性支出率对居民消费率有消极影响。

3. 财政支出政策的总体效应研究

在"稳增长、调结构"的压力下，积极财政政策作为政府干预经济的主要手段，在中国的宏观调控历程中发挥着重要的作用，政策实施时间将成为影响经济运行的重要因素。从众多学者的多项研究成果可知，大家在财政政策效应方面并没有达成一致意见。

李永友、丛树海（2006）在证明了政府支出和居民消费之间的互补关系后指出，财政政策对总需求波动具有较为显著的稳定效应，这种稳定效应的微观基础来自中国存在较高比例的流动性约束消费者。刘宛晨、袁闯（2006）认为相比于城镇居民来说，农村居民的边际消费倾向更高，并且财政支出挤入居民消费也更加明显。因此将财政支出更多地投向农村，对振兴农村消费市场具有重要作用。董直庆、滕建洲（2007）采用小样本可靠的 Bootstrap 仿真方法，考察了 1952～2003 年政府支出增加和经济增长的关系，指出中国财政支出对经济增长有着明显的带动作用，可以熨平经济波动。方红生、郭林（2010）利用虚拟变量法考察了中国的财政政策对居民消费的非线性效应，证明了财政政策在正常时期和非正常时期分别表现为非凯恩斯效应和凯恩斯效应。胡永刚、郭长林（2013）认为，当财政政策的预期效应超过财富效应时，财政政策扩张有助于增加居民消费。

同时，在财政政策宏观调控功能的周期性效应方面，国内很多学者对此进行了检验。如蔡江南（1990）对中国 1950～1988 年的周期性赤字和结构性赤字进行了研究，指出中国财政政策是顺周期的。刘金全（2005）通过研究财政政策作用机制和经济周期波动性的相依性之后指出，中国财政政策具有显著的周期性特征。方红生、张军（2010）考察了中国财政政策的非线性稳定效应，认为在经济衰退期，增加政府消费会导致宏观经济更加不稳定；在经济过热时期，增加政府消费有利于宏观经济的稳定。吕炜、储德银（2011）利用跨国数据研究了政府消费、税收和转移支付对私人消费的影响，指出无论是财政紧缩还是财政扩张时期，财政政策对私人消费都具有显著的非凯恩斯效应。在紧缩时期，这一效应产生的可能性更大，并且转移支付对私人消费的总效应表现为非凯恩斯效应。付敏杰（2014）认为，中国的财政支出政策从严格顺周期逐步走向非周期，宏观调控的质量得到了明显改善。财政支出用于资本形成的比例过高，是导致财政政策在计划经济时期呈现顺周期和改革开放后逐步告别顺周期调控的主要原因。

在国外经典文献中，检验财政政策对经济总体效应的模型一般有三种：宏观经济模型、结构向量自回归模型（SVAR）以及动态随机一般均衡模型（DSGE）。这三种模型各有利弊。其中，大型宏观经济模型对不同部门的相关价格和数量做出了解释。SVAR对数据的要求较高，主要依赖于时间序列方法，表现为一系列的变量（如产出、税收和政府购买）对自身的滞后变量进行回归。因为没有说明政策影响产出的途径，所以就无法区分是政策影响产出还是产出影响政策。而DSGE主要基于宏观经济基础。目前，国内关于财政支出政策的经济效应研究主要以实证研究为主。

4. 财政政策的走向研究

中国政府在宏观调控经济的过程中运用财政政策时不断相机抉择，充分保证和发挥了政策的灵活性和针对性，所以财政政策在应对1998年和2008年两次经济危机时发挥了重要作用。但中国居民消费不足的问题在两次经济危机后并未得到显著改善，政府扩大内需的政策效果也并不明显，需求结构失衡已经成为制约经济又好又快发展的关键因素。由此，未来财政政策的走向历来是政府部门和学术界关注的热点。

闫坤、程瑜（2009）认为，为了提高经济增长的质量，中国应形成以扩大内需和保证居民消费为主的经济增长方式，所以财政政策的重点应放在减少税收、完善社会保障制度和调整收入分配等方面。何帆（2009）表示，未来经济政策的着力点应继续放在刺激经济、防范风险、保证政策时效性以及争夺制高点等方面。魏杰（2009）表示，对于中国这样一个"高储蓄"的国家，注重使用财政政策不仅可以减缓高储蓄给经济发展带来的负面效应，而且可通过增加收入促进居民消费，兼顾公平与效率。另外，财政政策通过举债也可以达到启动经济的目的。吕冰洋（2011）指出，中国财政扩张政策与供需失衡之间存在循环累积因果关系，供需失衡是财政扩张的原因，以间接税为支撑的财政扩张是供需失衡的重要原因。应从调整国民收入分配结构入手，并将积极财政政策与结构调整结合起来，解决经济结构中深层次矛盾问题。李义平（2011）认为，中国经济的不平衡较为严重，需要出台各种财政政策措施，但应注意其产生的外部效应。李永友、钟晓敏（2012）认为，不仅要通过财政增收提高居民消费能力，而且要注重调整财政收支策略，用以稳定居民消费预期和提升居民边际消费倾向。卞志村、杨源源（2016）认为，不同财政工具的宏观经济效应存在显著差异，政府在进行财政宏观调控时应区别对待、审慎选取。他们同时指出，财政政策中，减税效应要优于财政支出效应。何代欣（2016）结合中国经济发展的现状，指出中国稳增长的财政政策依然要立足于扩大总需求，而调结构的财政政策则需要从供给侧入手。李晓嘉、蒋承、吴老二（2016）提出，为了有效扩大居民消费，各级政府应该加强区域间地方政府公共政策合作，充分发挥财政支出的空间外溢性。

（二）国外文献综述

1. 财政支出和居民消费的关系研究

鉴于国内外经济体制不同，本书根据研究重点，暂不分析国外对影响居民消费需求因素的研究，但由于很多政策具有共通性，所以笔者从财政支出影响居民消费的研究出发，对国外经典文献进行梳理。国外文献关于政府支出和居民消费之间的关系也存在着较多的争议。凯恩斯主义认为政府支出的增加会使居民消费增加，即政府支出会挤入居民消费。新凯恩斯模型和新古典主义模型通常预测政府支出和居民消费之间是一种挤出关系，即政府支出的增加会导致居民消费减少。众多学者利用不同的计量方法对政府支出和居民消费之间的关系进行了深入的分析和研究，得出的结论也大相径庭。

在挤出效应方面，Bailey（1971）最早通过一个有效消费函数指出政府支出在一定程度上挤出了居民消费。Barro（1985）在

Bailey 研究的基础上，通过建立一个一般均衡宏观经济模型，研究认为政府支出在中长期会挤出消费。Ahmed（1986）利用一个跨期替代模型估算了英国政府支出会对居民消费产生的挤出效应。Baxter and King（1993）利用标准的 RBC 模型指出政府支出的增加会通过降低家庭的永久收入而产生负的财富效应。为了避免消费水平的大幅下滑，家庭会增加劳动供给，但是这种替代效应小于负的财富效应，从而导致消费下降。Ramey and Shapiro（1998）通过研究两部门动态一般均衡模型得出政府支出会挤出居民消费的结论。Edelberg et al.（1999）对美国政府购买外生增长所带来的后果进行研究后发现，这种增长在带来就业水平、产出水平和非居民投资水平提高的同时，也会带来工资水平、居民投资和居民消费水平的下降。Coenen and Straub（2005）基于新凯恩斯动态随机一般均衡模型对欧元区政府支出冲击对居民消费的效果进行了重新评估，结果表明政府支出冲击对居民消费产生挤入效应的可能性相当小，这一方面是由非李嘉图式家庭所占的份额较小所致；另一方面是由政府支出冲击的高度持久特征所带来的较大负财富效应引起的。Furceri and Sousa（2011）对 145 个国家 1960～2007 年的数据进行实证分析后发现，政府支出对居民消费和居民投资的效应，既不同于标准真实经济周期模型得出的结论（挤出居民消费、挤入居民投资），也区别于 IS-LM 模型的分析（挤入居民消费、挤出居民投资），即政府支出对居民消费和居民投资都具有显著的挤出效应。他还指出政府支出对居民消费的累积效应大约是 1.9%，其中 1.2% 是由政府支出占 GDP 比重的当期变化决定的，0.7% 是受政府支出占 GDP 比重的滞后期变化影响的。另外，政府支出对居民消费的影响不随经济周期的变化而变化，但是在地区之间却存在着很大的差别。Afonso and Sousa（2012）利用结构向量自回归模型（SVAR）对美国、英国、意大利和德国所实施的财政政策的效果进行了实证分析。结果表明，政府支出冲击对居民消费产生了挤出效应。

在挤入效应方面，Karras（1994）通过研究一系列国家居民消费对政府支出的反应后发现，政府支出的增加会提高居民消费的边际效用，即政府支出和居民消费之间的关系是互补的，并且这种互补关系的强弱和政府规模的大小成反比。Devereux et al.（1996）观察了政府支出冲击的效应后发现，增加政府消费会提高生产力，生产力的提高会提高真实工资水平，使居民以消费替代闲暇，从而政府支出的增加会引起居民消费的增加。通过时间序列模型和VAR模型指出政府支出会挤入居民消费的文献还有 Fatás and Mihov（2001）、Blanchard and Perotti（2002）、Perotti（2004）、Gali et al.（2005）、Biauand Girard（2005）、Hepke Falk et al.（2006），以及 Giordano et al.（2007）。虽然部分学者认为，这种挤入效应违反了新古典宏观经济学中关于政府支出增加会使居民消费减少的理论，但 Gali et al.（2005）指出，新古典经济学并不是研究宏观经济中财政冲击的一个合理框架。

Linnemann and Schabert（2004）利用标准的新凯恩斯模型分析家庭的效用函数后指出，政府支出增加可以导致居民消费增加，如果政府支出和居民消费之间的替代弹性较低，那么政府支出的增加会提高居民消费的边际效用，并且会抵消对居民消费的负财富效应。Nieh and Ho（2006）在研究扩张性的政府支出和居民消费之间的替代弹性之后，指出居民消费、政府支出以及二者之间的相对价格存在着一种线性的协整关系，政府支出和居民消费是互补品，即前者没有挤出后者。Schclarek（2007）对19个工业化国家和21个发展中国家1970~2000年的数据进行实证分析后认为，无论是在工业化国家还是发展中国家，政府支出冲击都会对居民消费产生凯恩斯效应，并且这种效应在萧条时期不会恢复。对于发展中国家，这种凯恩斯效应更大。Tagkalakis（2008）对 OECD 19 个国家 1970～2002 年的面板数据研究后发现，财政政策对居民消费具有非对称效应，即财政政策对居民消费的挤入效应会因经济发展的繁荣或萧条而存在差异，一般来说，经济萧条时的财政政策比经济繁荣时的财政政策更加有效。对于消费者信用市场不够发达的国家，这种特征尤为明显。Ganelli and Tervala（2009）基于政府支出和居民消费的互补性关系得出，居民消费对政府支出的反应是积极的。

另外，也有部分学者认为政府支出对居民消费的挤入和挤出效应是不显著的，即二者之间并没有明显的联系。Perotti（1999）表示，在经济繁荣时，政府支出和税收冲击具有凯恩斯效应，会促进居民消费水平的提高；但在经济萧条时，政府支出和税收冲击具有非凯恩斯效应。其他相关文献还有 Burnside *et al.*（2004）、Mountford and Uhlig（2009）以及 Afonso and Sousa（2011a）。很多学者将上述不同的结论归因于选取了不同的年份样本区间、不同的计量方法和不同的政府定位等。

2. 财政政策的总体效应研究

（1）财政政策的周期性研究

关于反周期性，最经典的理论是凯恩斯（1936）提出的。他认为在经济疲软时，市场会出现一定程度的失灵，这时反周期的财政政策是有效的，政府增加支出或者减少税收会对产出和消费具有显著的积极作用。发达国家对财政政策的立场普遍是：财政政策在经济萧条时倾向于逆周期运转，在经济繁荣时倾向于顺周期运转。Christina Romer 和 David Romer 的很多文献都对反周期财政政策的有效性进行了阐述。

对于财政政策在发展中国家的应用，很多学者认为财政政策是顺周期的，财政支出作为 GDP 的一部分，会在经济繁荣时增加，在经济萧条时下降。但是欧盟组织（2004）通过对欧元区的研究，提出了在经济繁荣发展时期，欧盟财政框架对于消除顺周期偏见并没有发挥作用。最早提出财政政策顺周期的学者是研究拉丁美洲的经济学家 Gavin and Perotti（1997），后来的学者如 Talvi and Vegh（2005）、Catâo and Sutton（2002）、Manasse（2005）、Kaminski and Reinhart 以及 Alesina et al.（2008）通过研究得出了类似的观点。其中，Vegh（2004）指出财政政策的顺周期性不仅存在于拉丁美洲，而且普遍存在于发展中国家。对于为什么这么多发展中国家会遵循看似次优且可能会增加经济不稳定性的顺周期财政政策，一个普遍的解释是国家政体所依赖的信贷效应。在经济萧条时，许多发展中国家无法借贷，或者只能通过高利率的方式取得贷款，因此他们不能运用赤字工具而只能削减开支；在经济繁荣时，他们会更容易利用借贷去发展经济，并增加财政支出。Ilzetzki et al.（2008）构建了一个包含49个国家1960~2006年数据的集，利用工具变量、联立方程和时间序列，通过一系列的计量检验，得出财政政策在发展中国家是顺周期的这一结论，同时也表明财政政策是扩张性的。Alesina et al.（2008）进一步用政府结构管理解释了财政政策在发展中国家的顺周期性这一政策失灵现象。他们认为，理性的选民可能会不信任腐败的政府，在腐败的民主国家，财政政策的顺周期性更加明显。Tornell and Lane（1999）、Talvi and Vegh（2005）、Woo（2005）、Alesina et al.（2008）等学者研究得出的结论表明，除了金融约束外，政府出台不利于宏观经济稳定的顺周期财政政策的原因在于该国政府的政治制度和治理体制。Antonio Fatas（2008）通过建立模型并分析1960~2000年91个国家的年度数据后指出，财政政策被明显的规则和隐含的限制所约束，影响了财政政策在经济周期中的表现，前者如预算赤字，后者如政府决策的性质和选民否决权的存在。

(2) 财政政策的效应研究

财政政策及其效应的研究在政策实施初期就会被人们所关注。在 2008 年经济危机发生之前，Fatás and Mihov（2001）指出政府支出的增加是扩张性的，但是会导致私人投资的增加，而这超额弥补了私人消费的下降。Blanchard and Perotti（2002）表示扩张性的财政冲击会增加产出，对私人消费有积极影响，对私人投资有消极影响。Perotti（2004）通过研究澳大利亚、加拿大、德国和英国的财政政策效果，发现了其对私人消费具有相当大的积极作用，对私人投资基本没有影响。De Castro and Hernández de Cos（2006）以西班牙为研究样本，指出政府支出和短期产出之间存在正相关关系，而在中长期内，扩张性的政府支出只会导致更严重的通货膨胀和更低的产出。Hepke Falk *et al.*（2006）以德国为样本进行了研究，指出政府支出的积极冲击会增加产出并对私人消费具有正面影响，但影响力度较小。Giordano *et al.*（2007）以意大利为研究样本，认为政府支出对于产出和私人消费具有积极和持久的影响。Tagkalakis（2007）对 OECD 19 个国家 1970 ~ 2002 年的面板数据研究后认为，财政政策在刺激私人消费方面，经济萧条时比经济繁荣时更加有效，这种效应在消费者信用市场欠发达的国家更加明显。这是因为消费者在经济衰退时，当面临流动性约束的时候，会消费自己从未预期到的减税和政府支出增加中所得到的多余收入。

质疑财政政策效果的经典理论主要包括卢卡斯批评和李嘉图等价。卢卡斯（1976）认为政策的稳定效果可能会被理性人在观察到政府的政策进程后的预期和行为削弱。例如，在经济萧条时，投资可能会下降，居民会预期政府将会出台刺激经济的财政政策。消费不会随着所得税的减少而做出同方向的变化，因为这种税收减免被视为暂时的，所以税收减免的财富效应就会很小。李嘉图等价对财政政策的有效性提出了深层次的怀疑。

2008年经济危机发生之后，Shafik Hebous（2010）指出，扩张性的财政政策可以刺激经济并产生多种效果，但是这些效果取决于各个国家的开放程度及其经济体的汇率体系。第一，在封闭经济中，政府支出的增加会刺激经济从而增加产出，因为货币需求取决于产出，从而提高利率，再反过来会挤出私人投资，而挤出效应的程度取决于私人投资对收入和利率的敏感程度。最终政府支出增加引起产出、总投资和消费的增加。以减税为主要方式的财政扩张和增加财政支出的效果是相同的。但是税收乘数比政府支出乘数小，这是由于在减税时，个人增长的部分会以可支配收入的形式储蓄下来，而不会被花费掉。第二，在一个小型开放经济中，由于汇率是灵活可变的，财政扩张会对利率产生压力。如果资本是完全可流动的，并且利率固定，那么当资本流入市场时，会增加对国内货币的需求，结果导致名义汇率上升。由于价格是具有黏性的，所以真实汇率会上升，从而净出口下降，贸易平衡的负面效应会弥补扩张性财政政策的效果。所以，扩张性财政政策在小型开放经济中是无效的，小型开放经济并不影响其他国家。对于具有固定汇率的大型开放经济，扩张性财政政策的作用介于封闭经济和小型开放经济中间。财政扩张会对汇率和利率产生上行压力，货币供给被迫增加以保持固定汇率，最终使得产出增加，所以财政政策对于刺激产出是有效的。第三，在一个混合经济体中，国内财政政策可以影响国外的经济，特别是对处于货币联盟的国家，这种影响更加明显。国内产出的增加会额外增加该国对贸易合作国家的进口，从而促进贸易合作国收入的增加。在高度开放的经济体中，财政刺激会被实际汇率的上升和贸易平衡的恶化所抵消。

Kneller *et al.*（1998）对OECD 22个国家的面板数据研究后发现：第一，扭曲性税收限制经济的增长速度，非扭曲性税收并不限制；第二，政府生产性支出促进经济的增长。这个结果和Barro

(1990) 模型得出的结论是一致的。另外，Roberto Perotti (2004) 运用结构向量自回归方法，通过研究财政政策对 OECD 5 个国家在 GDP、通货膨胀和利率方面的影响，得出的主要结论为：①财政政策对 GDP 的影响较小，这表现为政府支出乘数只有在 1980 年之前的美国才被估计出是大于 1 的；②没有证据表明税收减免比支出增加更为有效；③政府支出冲击和税收减免对 GDP 的影响随时间逐渐减轻，特别是对于私人投资，在 1980 年后的一段时期，这些影响大多是消极的；④只有在 20 世纪 80 年代后期才有证据表明政府支出对于长期利率有积极影响；⑤根据价格弹性的可似真值，政府支出对通货膨胀产生较小的影响；⑥财政冲击方差的下降和它们这种传输机制的变化都对 1980 年之后的 GDP 方差的下降产生影响。

3. 财政政策走向研究

关于财政政策对经济的调整，传统的凯恩斯学派一直主张政府应该通过政策的积极运作去平滑经济波动，特别是在经济增长处于较弱的阶段，政府应减少税收，增加公共投资，从而为经济复苏做好充分的准备。简单地说，政府应该扮演逆周期的角色。凯恩斯主义在很大程度上影响了二战之后政府政策的制定，但是从 20 世纪 50 年代开始，特别是在 20 世纪 70 年代和 80 年代，凯恩斯主义一直备受争议。根据 Sargent and Wallace (1975)、Lucas and Sargent (1978) 和 Chari and Kehoe (1999) 等新古典经济学家的观点，相机抉择的财政政策最终是无效的，甚至是有害的。在这种观点的影响下，并鉴于以下原因，财政政策作为经济稳定工具来运用的积极性普遍下降。这些原因是：①经济萧条可以自我修复；②财政措施的实施有较长的和不确定的时滞；③制度约束可能会阻止财政政策的及时应用；④财政政策的决定是不可逆转的。自 2008 年金融危机以来，财政政策再次在全球范围内得到了广泛的应用，并取得了较好的效果。各国政府为了降低金融危机对本国的影响，大幅度增加政府支出和减少税收，防止经济进一步衰退。因此，财政政策在学术界再次得到了激烈的争论。Spilimbergo et al. (2008) 通过研究2007年爆发的金融危机，认为政府政策目标应旨在修复财政金融体系和增加居民消费需求并增强其消费信心。最优的财政政策应具备及时、广泛、持久、多元化、相机抉择、集中和可持续几个特点。通过对现存财政政策的观察发现，金融危机下政府支出的增长、有针对性的税收减免和转移支付倾向于产生较高的乘数效应，而不管是针对消费者还是针对企业的一般税收减免或补贴，可能会产生较低的乘数效应。

（三）国内外文献研究评述

通过对现有文献的分析，可以得出的结论主要包括以下几个方面。

第一，在影响居民消费的因素分析方面，通过梳理研究文献可知，财政支出政策可以直接影响居民消费已经被众多学者的研究所证实，只是对影响的方向和影响的程度存在着较多的争议。除此之外，影响居民消费的因素还包括居民可支配收入、转移支付和收入再分配政策等，而财政支出还可以通过作用于这些因素间接影响居民消费。由此可知，通过分析影响居民消费的因素，学者们不仅要研究财政支出对居民消费的直接影响，而且要分析财政支出对居民消费产生的间接影响。

第二，在财政支出对居民消费的影响方面，由于各个国家的经济体制在很大程度上影响着本国经济运行情况，其经济目标也大多和国家的政治目标相关，所以财政支出政策在作用方向、作用力度和作用目标等方面存在着很大的差异，加上众多学者在研究时选取的数据范围和样本区间也有很大不同，得出的结论自然是大相径庭的。

第三，在财政政策所产生的效应研究上，一方面，凯恩斯主义在价格刚性、乘数效应和菲利普斯曲线等假设的基础上，将财政政策看作政府宏观调控的有力工具，指出财政支出的增减和税收政策的变化会对经济发展产生显著的影响；另一方面，古典经济学派在李嘉图等价、财政支出的挤出效应以及理性预期假设等理论基础之上，反对财政政策干预经济，认为政府对经济的干预是无效甚至有害的。同时，理论界也存在着其他介于干预和放任之间的观点。

中国国内已有研究在许多方面还存在着改进空间。①应重视财政政策实施的效果。看似完美的积极财政政策是否切实对经济增长做出了贡献，中国经济内部的隐患有没有具体得到解决？另外，由于许多学者做研究所用到的数据都是别人给定的，缺乏对真实情况的了解，所以做出来的研究并不一定能促进居民消费。②应避免政策实施后的后续问题。比如，在扩大内需的过程中，政策有没有对扩大内需后所引起的通货膨胀采取预防措施？在进行农村建设的时候，所拨出的投资有没有切实地用于农业生产？在调节收入分配时，看似合理的财政政策在实施后有没有切实地缩小行业、城乡、地区收入差距？③应深化体制改革。要正确处理消费和投资二者之间的关系，使二者共同服务于中国市场经济体制改革，不仅要避免过度消费带来的经济过热，而且要避免过度投资带来的重复建设和产能过剩等。

在市场经济国家，财政政策的总目标一般是：保障充分就业、稳定物价、经济增长、国际收支平衡、公平分配和资源最优配置等。国内外对于财政政策促进消费的研究重点不同，不一致的原因包括：①财政政策的目标不同。由于国外社会保障制度比较健全，所以政策重点大都是促进就业、应对债务危机、保持整体经济稳定，而中国目前经济政策的重点是稳增长、控物价、调结构，在进一步扩大内需的同时，着力于缩小城乡、行业、地区收入差距，稳定总体物价水平，转变经济发展方式，从而保持经济整体的增长速度。②财政政策调节的范围不同。国外主要是依靠市场,而中国由于目前仍处于转轨时期,所以经济调节功能大部分还是靠政府来执行。这也纵容了中国国有企业的发展壮大,使得国企的隐形特权较多,不利于民营企业的发展和各类企业间的公平竞争。③样本和样本区间不同。中国对内需不足的重视是从 1997 年开始的,可以借鉴的只是 1997 年以来亚洲金融危机后所实施的财政政策的经验,而国外政策可以研究的典型案例包括 20 世纪 30 年代的美国经济大萧条、20 世纪 80~90 年代的美国储蓄和信贷危机、韩国和日本 1997 年对金融危机的应对等。在后危机时期,中国应根据本国的基本国情,实事求是地借鉴国外关于财政政策调节经济方面的经验,合理地制定好本国的财政政策。

总之,财政支出政策影响居民消费的研究,不仅有助于优化财政支出结构,而且有利于提高财政支出调节经济的效率,对解决中国当前存在的内需不振等问题具有深远的现实意义。为此,今后应保证在吸取本国和国外经验教训的基础上,从中国国情出发,切实促进居民消费,使其稳步拉动经济增长,并实现经济的可持续发展。

三 框架结构和主要内容

(一) 框架结构

本书共分为七章,分别从宏观到微观,通过国际→中国→F 省三个层次说明所要阐述的问题。具体来说,本书的逻辑思路和框架结构如图 1-1 所示。

(二) 主要内容

本书在已有研究成果和中国国情的基础上,利用省级面板数据和县级面板数据对政府财政支出影响居民消费这一问题将进行深入

研究模块	研究重点
第一章 引言	提出问题，阐述研究的理论基础，确定框架结构和主要研究内容
第二章 财政支出政策影响居民消费的理论框架	阐述财政支出政策影响居民消费的理论基础
第三章 中国财政支出影响居民消费的现状	分析财政支出拉动居民消费的现状，为后面实证分析奠定基础
第四章 财政支出影响居民消费的国际经验借鉴	分析发达国家和发展中国家财政支出影响居民消费的基本情况及可以借鉴的经验
第五章 中国财政支出影响居民消费的实证研究	在中国宏观层面上，从城乡、区域和经济周期三个方面分析中国财政支出影响居民消费的经验事实
第六章 财政支出对居民消费的冲击效应研究	以F省为例，利用PVAR方法分析财政支出对居民消费的冲击
第七章 财政支出政策促进居民消费的优化选择	在前六章分析的基础上，对财政支出政策的走向提出合理的建议

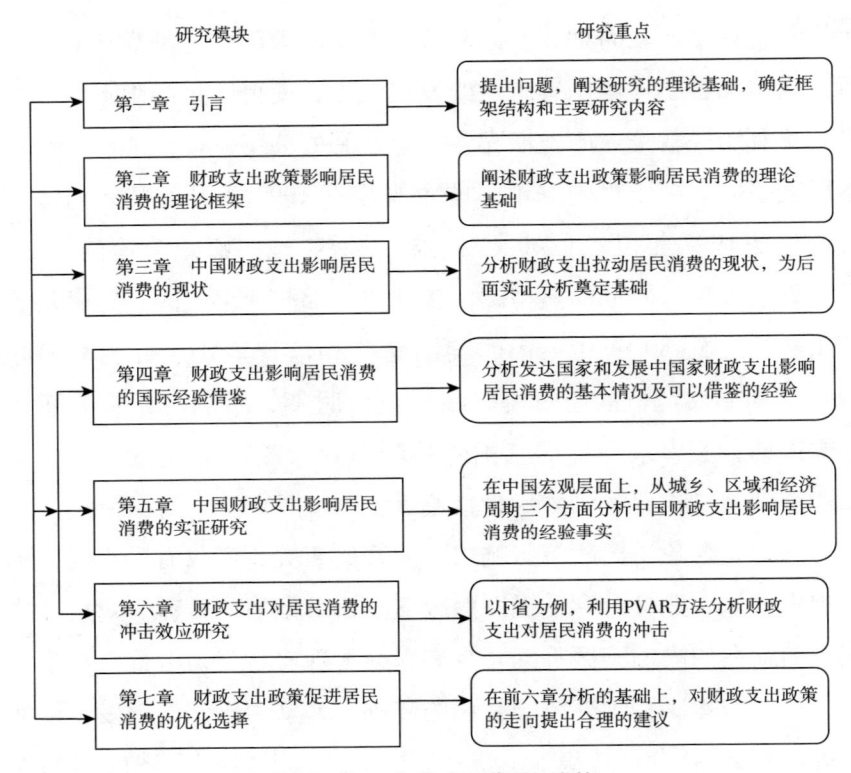

图 1-1 本书主要框架结构

研究，并尽力对已有研究成果进行修补，从而为中国宏观调控政策实践提供有价值的参考依据。具体研究内容如下。

第一章，引言，共包括四个小节。本章从选题的背景和意义出发，对国内外关于财政支出影响居民消费的文献进行梳理，阐述相关理论研究的经典文献和最新进展，明确本书的研究方向和研究重点。最后列出本书的框架结构、研究方法以及存在的创新和不足等，清晰呈现全书的脉络思路。

第二章，财政支出政策影响居民消费的理论框架。本章的主要内容是梳理和比较财政政策工具，列举财政支出政策干预经济的依据，并阐述财政支出影响居民消费的相关理论及所产生的经济效应等。

第三章，中国财政支出影响居民消费的现状。第一节详细分析中国居民消费的现状，指出中国居民消费虽然稳定拉动经济增长，但是居民消费需求增速缓慢，并且存在着城乡居民差距逐步扩大以及居民消费水平相对较低等问题；第二节分别从影响居民消费能力和制约居民消费意愿两个方面出发，阐述制约居民消费的相关因素；第三节以1998年亚洲金融危机和2008年全球经济危机为主线阐述近年来中国促进居民消费的财政支出政策实践；第四节分析中国财政支出政策实施的成效和运行过程中存在的问题。

第四章，财政支出影响居民消费的国际经验借鉴。第一节介绍发达国家的居民消费状况，通过了解美国、荷兰和英国三个发达国家的现实情况，分析各国财政支出政策及其对居民消费的影响；第二节阐述发展中国家的居民消费状况，分别选取俄罗斯、印度和埃及三个典型的发展中国家，说明财政支出政策的实践及其对居民消费的影响；第三节总结发达国家和发展中国家宏观调控的经验及不足，为中国宏观调控中财政政策的运行提供借鉴素材。

第五章，中国财政支出影响居民消费的实证研究。本章在划分财政支出类别的基础上，从一个简单的理论模型出发，采用中国1998~2012年31个省份的面板数据，分别从城乡、区域和经济周期三个角度分析财政支出对居民消费的影响，并根据实证结果分析财政支出对居民消费产生的具体影响，力图为财政支出结构的优化指明方向。

第六章，财政支出对居民消费的冲击效应研究。综合考虑经济发展程度等多种因素，本章选取F省作为地方政府的代表，进一步分析财政支出对居民消费的冲击效应。文章从分析F省居民消费的基本情况出发，选取该省1994~2012年25个县市的面板数据为样本，利用面板向量自回归方法（PVAR）分析财政支出对居民消费的冲击效应，并根据实证分析结果，分析地方政府的财政支出政策在影响居民消费方面所具有的特征。

第七章，财政支出政策促进居民消费的优化选择。本章根据前几章的分析结论，在宏观层面上对财政支出政策的走向提出合理的建议，具体包括有针对性地优化财政支出结构、调节收入分配结构、完善社会保障制度，以及正确定位政府职能等。

四 研究方法及创新和不足

（一）研究方法

1. 跨学科的理论研究方法

本书的研究结合了宏观经济学、财政学、计量经济学等众多学科领域的理论，分析了当前财政支出影响居民消费的基本问题，在融通相关学科基本原理研究问题的同时，为在研究领域进行实证研究做铺垫。

2. 比较分析法

本书使用横向比较和纵向比较的分析方法，横向比较包括中国各省份之间的比较、城乡比较、区域比较以及国内外比较等，纵向比较包括中国在应对1998年亚洲金融危机和2008年全球经济危机时的财政支出政策比较等。这种比较方法的大量使用不仅能够有效地将本书论述内容界定清晰，而且能够将本书现有的研究问题与传统理论相区别，体现了本书的创新性。

3. 规范研究和实证研究相结合

财政支出影响居民消费问题是众多学者长期争议的问题，不同学派对这一问题存在着不同的看法和观点，如何梳理清楚这些观点并找到本书的研究线索是研究的基础，因此本书对已有理论的运用采用规范研究的方法；同时，财政支出影响居民消费又是一个现实问题，本书从中国经济发展的现实情况出发，从多个方面研究财政支出影响居民消费这一问题。

4. 定性分析和定量分析相结合

定性分析是对研究对象质的方面的分析，是根据理论的内在一致性的逻辑结构得出的关于理论上的结论，定量分析是针对理论分析得出的结论，并做出相关说明。本书回顾了中国积极财政政策运行情况，对政策效果进行客观分析，在具体影响方面，采用定性分析和定量分析相结合的方法，并从多个角度出发，辅助运用相关实证研究来说明财政支出对居民消费的具体影响。

（二）创新和不足

1. 本书的创新点

本书的创新点主要包括两个方面，具体阐述如下。

第一，本书采用 1998~2012 年的省级面板数据，在分析财政支出对居民消费的影响时分别从城乡、区域和经济周期三个角度出发，对研究内容进行详细的分析。本书认为，为拉动居民消费，政府应注重优化财政支出结构，并考虑到不同种类的财政支出在城乡方面、区域方面以及不同的经济周期方面所发挥的不同作用，避免在全国范围内统一增减某项支出。为此，这就要求中央政府在进行宏观调控时，不能对地方政府统一"下达命令"，而应根据城乡、区域和经济周期的具体情况，有针对性地调整财政支出结构。

第二，本书选取 F 省作为地方政府的代表，采用 1994~2012 年的县级面板数据，利用面板向量自回归方法（PVAR）研究财政支出对居民消费的冲击效应。笔者认为，对于地方政府来说，经济发展程度不同，财政支出对居民消费的冲击效应不同。经济较发达地区，财政支出政策的时效性较强，在经济萧条时期，财政支出数额较多，在促进居民消费方面发挥着重要作用，但在经济繁荣时期，财政支出总额减少，并且无法显著地影响居民消费。经济较不发达地区，财政支出的刚性较强，在经济萧条时期，财政支出的数额较多，但是当经济萧条过后，财政支出保持着惯性作用，并不会出现较大幅度的减少，所以会一直影响着不发达地区的相关指标，如居民消费、政府收入和产出水平等。

2. 本书的不足之处

通过问题挖掘、数据处理、模型设定、结果分析等一系列步骤，笔者对研究对象进行了深入细致分析，并取得一定研究成果，达到了研究的主要目的。但总的来看，本书仍存在着许多不尽如人意之处。

第一，在财政支出政策影响居民消费的实证研究方面，本书主要是从宏观角度展开，利用全国省级面板数据和F省县级面板数据开展研究，没有使用31个省份的县级面板数据对问题进行细致的分析研究。所以在下一步的研究中，笔者应在微观层面开展更加深入的研究工作。另外，影响居民消费的因素是多方面的，财政支出政策仅是"非市场型"的影响因素之一，本书限于篇幅和文章主题要求，并未对其他影响居民消费的因素和所产生的相关效应进行具体分析。

第二，在国际经验借鉴方面，基于数据的可获得性，本书没有通过获取国别面板数据进行对比分析，而是分别选取了三个典型的发达国家和发展中国家作为研究对象，但这并不意味着，这六个国家代表了世界所有国家财政支出政策影响居民消费的基本情况。笔者仅对所选取代表性国家的具体情况进行归纳分析，并从中抽取能为中国所借鉴的经验和应注意的问题。

第二章 财政支出政策影响居民消费的理论框架

和其他财政政策工具相比,财政支出是政府最直接也是最有力的宏观调控工具。在经济萧条时,政府通过增加财政支出,直接或间接地扩大消费需求,发挥乘数效应或者挤入挤出效应。由于支出刚性的存在,财政支出具有不断增长的趋势。政府在利用财政支出政策调节居民消费时,应遵循一定的原则,明确财政支出政策影响居民消费的作用机理,为财政支出政策的运行提供理论基础。

一 财政政策工具的比较

(一) 财政政策工具种类

财政政策是国家重要的宏观经济政策之一,财政政策工具的使用在调控经济过程中发挥着举足轻重的作用。凯恩斯(1936)提出财政政策应利用财政支出和税收多种手段来实现政府干预经济的目标。Zagler and Durnecker(2003)表示财政政策是一个短期问题,财政政策通过改变财政支出或税收,进而改变总需求以使经济接近于产出水平。陈共(1998)认为,财政政策是指政府通过综合运用财政收支规模和收支平衡等调控工具,达到宏观调控的目的。郭庆旺(2010)指出,为了实现经济发展、社会稳定以及公平和效率等诸多目标，政府可以利用以公共支出和税收为主要工具的财政政策调控经济，实现经济增长和物价稳定等目标。由以上观点可知，作为国家宏观经济政策的组成部分，无论是扩张性财政政策、中性财政政策还是紧缩性财政政策，都是运用各种财政政策工具，从而实现经济增长、充分就业和物价稳定等目标。

具体来说，财政政策工具主要包括财政支出、税收、国债和预算等，政府在调节经济时，需灵活使用各类政策工具。其中，财政支出是政府提供公共产品和公共服务的成本，是为满足社会共同需要而进行的财政资金的支付。税收的本质是政府采取强制性手段将居民和企业的购买力或对资源的控制权转移给政府，供政府直接使用或者转移给他人。这在一定程度上减少了居民和企业的可支配收入，是居民购买和消费公共产品所支付的价格。国债是中央政府以国家信用为基础向社会发行的一种政府债券，其发行目的包括平衡财政收支、筹集建设资金、筹措军费、借新债还旧债等。国债也是政府进行宏观调控的重要工具之一，在调节经济过程中发挥着重要的杠杆作用。政府预算是指国家的年度财政收支计划，是财政政策的重要组成部分。预算主要通过预先制订的计划和执行过程中的收支微调来实现财政政策宏观调控的功能。预算政策调节经济的形态主要包括赤字预算、平衡预算和盈余预算三种。

（二）财政支出和其他政策工具的比较

1. 乘数效应比较

在经济活动中，由某一变量的增减所引起的产出水平总量变化的程度称为乘数效应。财政支出和税收等财政政策工具在调控经济的过程中都会发挥乘数效应。根据乘数效应，财政支出、税收、国债等政策工具都具有使经济稳定发展的潜力，只是各种政策工具发挥的乘数效应有所差异。

传统的凯恩斯理论和新凯恩斯主义分别通过不同的分析框架指

出，政府财政支出的增加会带动国民收入的成倍增长，从而使可支配收入增加，因此可以通过消费函数拉动居民消费。与财政支出乘数不同，税收乘数是负值，表明增税或减税对国民收入的减少或增加效果。一般来说，税收乘数小于财政支出乘数。国债对经济也具有乘数效应，其变化同样会使国民收入随之变化。在经济萧条时，政府如果同时采用减少税收和增加财政支出的方式来调节经济，就会产生较大的赤字；在经济萧条过后，政府通过发行国债弥补赤字就会引起国民收入随之发生相应的变化。国债是政府的选择性政策工具，其乘数效应也受到政府宏观调控和经济形势的影响。预算乘数一般受财政支出和税收的影响，但由于财政支出和税收经常是同时变化的，所以预算的乘数效应具有不确定性。当经济处于萧条时，政府可以同时运用增加财政支出和减少税收两种手段来提高国民产出和就业水平，也可增加税收用以弥补财政支出的需要。

由各种政策工具乘数效应的比较可知，财政支出是政府最有力的也是较为直接的调控工具，充分发挥财政支出的乘数效应具有重要意义。由于政府增加一倍的财政支出会对经济总量产生数倍的扩张效果，所以政府可以通过增加政府支出达到扩大社会总需求和增加国民收入的目的。但财政政策工具乘数对国民收入的作用，只有通过市场的规范化运作才能发挥良好的作用，达到政策的预期效果，所以这又对国家的市场经济体制建设提出了更高的要求。

2. 有效性比较

财政政策工具是为了实现宏观调控目标所采取的手段和措施，政策工具的有效性是宏观调控政策是否有效的重要指标。财政政策工具之间具有密不可分的关系，例如，财政支出的来源一般是税收和国债，而三者又是预算内容的重要组成部分。理论界有许多经典的文献阐述了四种政策工具的有效性以及相互之间的关系。其中影响较大的是巴罗所阐述的李嘉图等价定理。该定理认为，如果公众预期是理性的，则国债是延迟的税收，所以二者在筹集财政支出资金时所获得的效果是等价的，政府支出和总需求无关。李嘉图等价定理引发了学术界的热烈争议。托宾认为李嘉图等价定理违背了现实情况，国债不仅会通过影响私人储蓄对总需求产生影响，而且会通过减少纳税影响居民的当期预算约束，使之增加消费；作为政策工具，国债对经济发展是有力的。由于李嘉图等价定理并不是基于现实市场经济及各个主体所提出的，其基础是消费理论中的永久收入假说和生命周期假说，因此，曼昆等学者分别从代际财富再分配、消费者短视，以及借贷约束等方面对李嘉图等价定理提出了质疑。

与其他政策工具比较，财政支出一般具有刚性特征，受政治因素影响较大，从长期看显示出不断增长的趋势。任何一项公共支出都关系到公众的整体利益，都将对人们的公共需要产生影响。由于财政支出对社会总需求具有直接影响，政府可以通过优化财政支出结构和调整财政支出规模，实现社会总需求和总供给的结构平衡和总量平衡。另外，转移性支出和国民收入的再分配具有密切的关系，政府可以根据宏观调控目标，缩小行业和地区收入差距。因而，财政支出政策的出台和实施，都将产生较强的社会效应（刘志强，2006）。税收政策是各国采取的最常用的政策工具之一，税收政策中的税率体系常常被看作财政政策的一种自动稳定机制。税收和财政支出对变量作用的方向相反，提高税率和减少财政支出属于紧缩性的财政政策，而降低税率和增加财政支出属于扩张性的财政政策。税收政策对经济的影响较为广泛，调控效果较为显著，税收细则也凸显了国家宏观调控的政策导向。但影响税率的因素较为复杂，税率的可控性和可观测性较弱，并且税收具有较长的作用时滞，这决定了政府操纵税收政策的有限性。国债是较为容易操作的财政政策工具，具有较强的弹性、有偿性，可以避免政府调节过程中可能发生的直接的利益冲突。但国债的偿还大都是通过减少财政支出、增加税收或借新债还旧债等方式进行，而且国债不仅是财政政策工具，也是货币政策工具，所以国债调控经济具有明显的双重性。预算是财政政策稳定实施的前提，是政府财政收支计划的预测。由于预算具有法律效力，所以预算的编制一般具有较强的政策针对性。政府可以通过对预算规模和预算结构的限定来控制社会总需求和总供给，如政府可以利用赤字预算政策弥补有效需求的不足，刺激经济繁荣。

综上可知，财政支出具有影响范围广、政策导向性强以及宏观调控效果明显等诸多优点，因此也成为世界各国进行宏观调控过程中频繁使用的财政政策工具。

（三）财政支出增长理论

财政支出具有不断增长的趋势。理论方面，德国经济学家阿道夫·瓦格纳在研究了西方国家公共支出的历史之后，提出了公共支出增长理论，指出政治和经济因素共同导致了支出增长。其中，政治因素是指国家活动范围扩大对政府职能提出了更高的要求，需要政府利用更多的财政支出保证政府职能。经济因素是指由于市场失灵的存在，政府需要利用更多公共支出弥补市场缺陷，消除经济运行的偏差。另外，提供市场无法满足的公共产品从而满足民众的需要是政府职能的重要表现之一。阿道夫·瓦格纳认为政府应直接掌握获得财政收入的途径，并认为财政支出具有生产性。瓦格纳学说的支持者继承并发展了公共支出增长理论，指出了公共支出过快增长的原因，主要包括政府消费随着政府对经济干预程度的加强而增加、不断增加的人口数量对公共设施和公共福利提出了更高的要求，以及人均支出水平和生活水平密切相关等方面。

关于公共支出增长的原因也存在着很多其他观点。皮考克和威斯曼提出了"阶梯增长说"，该理论认为，在经济发展的正常时期，由于经济的增长，政府税收会相应增长，支出规模也不断扩大；但在经济发展的非正常时期，如战争年代或者经济危机时期，国家财政收入会受到一定的抑制，但对财政支出的要求越来越高，为此政府不得不增加税收或举借债务，从而使居民可支配收入减少，私人部门支出减少。这种公共支出对私人支出的"替代"，使得公共支出从一个新的高度上开始逐渐增长。在非正常时期过后，公共支出水平即使有所回落，也难以回到其原有的水平上，这就形成了公共支出的"梯状"发展趋势。凯恩斯认为在边际消费倾向较为稳定的情况下，人们总是把增加的财富用于储蓄，而不是消费，这使得有效需求不足，社会总供求难以实现均衡，为此需要国家干预。政府通过增加公共支出，可以改善社会有效需求不足的状况，从而减少失业，促进经济的稳定和增长。马斯格雷夫和罗斯托提出了"经济成长阶段说"，他们认为，在经济发展的早期阶段，为了促进经济快速发展，政府会大力增加投资，用于改善城乡基础设施和维护社会秩序等，为私人投资者提供良好的外部环境；在经济发展的中期阶段，为保持经济持续稳定发展和弥补市场缺陷，政府仍然会继续增加投资。经济规模的增加会对社会建设产生新的要求，包括环境治理、生态保护以及缩小贫富差距等。所以政府财政支出不仅不会下降，反而会进一步增加；在经济达到发达阶段之后，公共投资的比重可能会有所下降，但是财政支出的总额不会减少，只是财政支出投向更多用于改善科教文卫、社会保障和经济可持续发展方面。由此可见，理论界关于财政支出增长的观点基本保持一致。

二 财政支出政策干预经济的依据

（一）理顺政府和市场的关系

理顺政府和市场的关系是财政支出政策干预经济的前提。政府和市场的关系演变可大致划分为五个阶段。政府和市场关系的理论起源阶段是 15~17 世纪的重商主义时期。这一时期，主张政府干预的思想占据主流地位，重商主义者指出国家应保护关税，并采取扶植生产出口商品的工场手工业的政策。第二个阶段是从 1776 年古典经济学的代表人物亚当·斯密出版《国民财富的性质和原因的研究》至 20 世纪 20 年代，自由放任主义一直占据统治地位，强调市场作用和主张经济自由，政府的职能是充当"守夜人"。第三个阶段是 20 世纪 20~50 年代末期，在美国经济大萧条的背景下，众多学者从分析市场失灵入手，强调政府干预的必要性。政府干预主义的代表人物凯恩斯指出，政府的职能在于利用增支减税等财政政策措施弥补有效需求，维护市场的效率和稳定。第四个阶段是 20 世纪 60~80 年代，由于政府宏观调控政策的失效，主张以市场机制作为调节资源配置的主要工具的新自由主义学派逐渐占据了上风。以弗里德曼为代表的新货币主义学派、以哈耶克为代表的新自由主义学派，以及德国新自由主义学派都表示政府的干预对经济是有害的。第五个阶段是 20 世纪 90 年代至今，以斯蒂格利茨和伯南克为代表的新凯恩斯主义学派逐渐占据了学术界的上风。该学派指出了凯恩斯主义的缺陷，承认了政府政策的失效，并将政府干预看作对未来经济稳定的一种投资，指出失业与经济波动作为市场缺陷的一种表现形式，同样需要政府干预等（郭小聪，2011）。

由此可见，现代西方经济学关于政府和市场关系的讨论主要围绕着同一个主题，即政府对市场"是放任还是干预"。通过梳理各学派的理论观点可知，自由主义并非反对一切国家干预的政策，政府干预主义也并非完全排斥经济自由而主张政府干预一切。所以，众多学派都在寻求政府干预和市场自由之间的均衡，并建议各个国家正确处理政府和市场之间的关系。

(二) 公共财政职责的需要

政府干预经济首先是出于公共财政履行其职责的需要。政府增加财政支出一般用于以下方面：首先是满足公共部门的消费，保证政府机构正常运转的财力需要，另外是为了适当调节经济社会的运行状况，熨平经济周期的波动，使经济发展更公平或更有效率。市场经济下，公共经济的基本内容就是公共收支，即政府活动是公共经济活动的中心和主要内容。没有完全的市场经济，市场和政府都是经济运行无法离开的调节主体。作为和市场经济相适应的财政类型和模式，公共财政是为了向市场提供公共服务而存在的。这就决定了公共财政的职责，具体职责主要包括：有效配置社会资源、促进收入公平分配和保证宏观经济稳定运行，即效率、公平和稳定。由于市场经济下存在市场失灵现象，作为社会管理者的政府，应在保证市场发挥决定性作用的前提下，将弥补市场失灵作为己任，综合运用财政政策和货币政策来维护市场运行。

首先，在效率职责方面，为了使市场效率损失达到最小化，政府在进行财政收支活动时，应努力确保社会资源在公私两大部门之间实现最佳配置。为了保证资源有效配置，政府应通过提供公共产品、调节外部性、介入自然垄断领域等措施来保证市场效率。其次，在公平职责方面，由于市场会自发产生分配不公结果，而私人活动难以有效解决公平问题，因此收入和财富的再分配应主要由政府来完成。所以政府应充分利用财政补贴、税收、社会保障等财政政策措施，在保证横向公平和纵向公平的原则下，保证再分配的公平。最后，在稳定职责方面，宏观经济的稳定是市场正常运行的基础，而在市场经济条件下，经济总是存在或大或小的波动现象，这就要求政府综合运用税收和财政支出等手段，积极实现各种宏观经济目标。

另外，公共财政是和市场经济相匹配的一种财政类型和模式，但目前部分国家（如中国）尚未建立起完善的市场经济体制，所以财政政策干预经济的范围也仅限于维护宏观经济稳定方面。由于目前中国的市场经济体制离完善和理想状态还有很大的差距，仍然是"官办市场经济体制"（张馨，2013），所以在改革过程中，政府干预经济的程度会远远大于西方发达市场经济国家。在这种情况下，政府宏观调控政策就面临巨大挑战，需要更加灵活有力的财政政策来保证经济发展。由此可见，随着经济的发展，宏观调控机制不断得到健全，市场机制也逐步趋于完善。

（三）自动稳定器的有效性

税收、财政补贴、转移性支出等财政政策工具都属于自动稳定器。这些政策工具在减缓或者消除经济波动对国民收入的影响方面发挥着重要作用。在经济繁荣时，可以通过税率级别的提高和财政支出的相应减少有效抑制通货膨胀；在经济萧条时，税率级别降低、财政支出自动增加可以减轻经济不景气的程度。自动稳定器不需要政府实施干预措施，相关政策可以自动发挥作用。在财政支出的自动变化方面，自动稳定器发挥作用主要表现在涉及社会福利支出等转移支付的变动方面。当经济繁荣时，各种社会救济和福利支出相应减少，从而可以避免居民可支配收入的进一步增加；当经济萧条时，各种社会救济和福利开支就会相应进行调整，通过增加低收入群体的可支配收入，防止总需求的进一步降低。在税收的自动变化方面，在经济繁荣时期，失业人数减少，居民收入增加，引致税收收入随之增加。如果是累进税制，则纳税人收入的纳税档次更高，政府税收收入增加的幅度会大于收入上升的幅度，达到抑制通货膨胀的目的。在经济萧条时期，失业率增加，居民可支配收入减少，国民收入水平降低，从而税收收入相应减少。累进税制下的纳税人则自动进入较低的纳税档次，避免个人可支配收入进一步减少，从而在一定程度上阻止了总需求的下降。

(四) 货币政策调控作用有限

货币政策和财政政策是国家调控宏观经济运行的两大政策体系，是政府可以支配的两个主要宏观经济政策工具。在政府干预经济的过程中，二者应协调配合，根据经济形势决定政策走向。以弗里德曼为代表的货币学派表示货币政策会在应对大萧条中发挥重要作用；以凯恩斯为代表的财政学派则强调财政政策调控经济的重要性，认为财政政策可以有效解决失业和总需求不足等问题，而货币政策无法有效调控经济。对凯恩斯主义提出质疑的包括货币主义、理性预期学派、供给学派等。新凯恩斯主义者主张货币政策应该长期保持稳定，财政政策则应以实现预算平衡为出发点。无论是哪种观点，都说明了仅靠财政政策或者货币政策，政府很可能无法达到宏观调控的目的。货币政策和财政政策都属于经济总量政策、需求管理政策，二者在最终目标上具有一致性，在手段上具有互补性。鉴于财政政策和货币政策的差别，应将财政政策和货币政策搭配使用，使二者相辅相成，发挥最大调控效果，实现调控目标。无论是主张利用货币政策调节经济的货币主义，还是主张利用财政政策调节经济的财政主义，都应该秉持的原则是任何政策调控都应以有利于市场发挥自身调节功能为前提，任何不利于甚至破坏市场调节功能的宏观调控政策都是不可取的。

三 财政支出影响居民消费的理论分析

(一) 财政支出调节居民消费的原则

政府在利用财政支出政策调节居民消费时，应遵循一定的原则。

1. 市场失灵原则

市场失灵与否是界定政府和市场职责范围边界的基本原则，财政支出资金应主要满足市场失灵领域的需要。凡是市场有效活动的范围，都不应是财政支出的范围，所以财政支出在执行财政职能时应"有所为有所不为"，任何"缺位"或"越位"都会影响市场机制作用的发挥，从而降低社会资源配置效率。居民消费不足是一种市场失灵现象，所以政府在利用财政支出政策拉动居民消费时，职责范围仅限于弥补市场失灵，保证市场机制充分发挥调节作用。

2. 政策时效性原则

在不同国家、不同发展阶段，财政政策都不是固定的，而是动态的、不断变化的，具有一定的时效性。财政支出规模的大小和结构的调整应与经济发展形势保持一致，当经济形势发生变化时，财政支出政策应根据政府职能及时做出相应调整。

3. 公平公正原则

政府在利用财政支出政策调节居民消费时，应遵循公平公正原则，如购买性支出应遵循等价交换原则，财政补贴和社会保障支出等转移性支出应遵循横向公平和纵向公平原则。

4. 受益原则

政府在促进居民消费的过程中所提供的公共产品一般适用于无偿供给原则。虽然政府行为具有非市场性，但政府行为的基础是市场经济关系，所以在提供公共产品的过程中应遵循受益原则，即根据受益者和社会获益的总和来制定收费政策。其一，受益原则广泛适用于准公共产品的定价上。准公共产品具有一定的排他性，适当采取混合提供，受益原则为解决收费价格问题提供基本框架。其二，在行政性收费方面，政府在提供一般行政服务时，对于只有少数人享有的服务，政府应当收费，并且应根据受益原则制定收费标准。其三，在处理政府间财政关系时必须应用受益原则。公共产品的政府间费用分摊问题，是某些公共产品具有受益范围有限性特点所引起的，需要按照受益原则分摊各自承担的费用。

(二) 总需求不足和 IS-LM 模型

继英国经济学家凯恩斯在《就业、利息和货币通论》中阐述了总需求理论之后，希克斯、莫迪格里亚尼、汉森等学者对其进行了重新阐述，描述了简洁的 IS-LM 模型用以解释总需求理论。凯恩斯（1936）指出，边际消费倾向、对货币的流动性偏好，以及对资本边际效率的预期等三种行为人的心理因素决定了整个经济的总需求。在消费需求方面，边际消费倾向小于 1 使得消费的增长慢于收入的增长。

在投资需求方面，利率是决定资本边际效率的重要因素，而流动性陷阱的存在会影响利率向下变化，导致资本边际效率偏低。可见凯恩斯列出的三种因素都可能引起总需求不足。如果政府采取扩张性的财政政策，则总需求扩大，从而产出增加、失业率下降等。IS-LM 模型可以表述如下：

$$D = C + I + G \tag{1}$$

$$C = C(Y), 0 < C' < 1 \tag{2}$$

$$I = I(Y, i - \pi^e), I_1 > 0, I_2 < 0 \tag{3}$$

$$\frac{M}{P} = L(Y, i), L_1 > 0, L_2 < 0 \tag{4}$$

其中，D、C、I、G、Y 分别表示真实变量：总需求、消费、投资、政府支出、总产出；i、M、P 分别表示名义变量：名义利率、货币供给和一般价格水平；π^e 为预期通货膨胀率。在封闭经济下，式（1）表示总需求由消费、投资和政府支出三部分组成。式（2）指凯恩斯消费函数，表示消费是总产出的函数，边际消费倾向介于 0 和 1 之间。式（3）表明了投资和总产出正相关，与利率负相关。式（4）是 LM 曲线，指货币市场出清的条件，其左式是实际货币供给，右式是实际货币需求，货币供给是货币当局控制的外生变量，货币需求则与总产出正相关，与利率负相关。IS-LM

模型决定了总需求。

如果价格在短期内不能进行调整,总产出将服从如下短边原则的要求:

$$Y = \min(D, S) \tag{5}$$

其中 S 表示总供给。由于总需求不足是通论的基本结论之一,因此在总产出受到总需求制约的情况下,由式(5)可知,产出应当由总需求决定:

$$Y = D \tag{6}$$

根据式(1)和式(6)可知,式(2)和式(3)构成的 IS 曲线如式(7)所示:

$$Y = C(Y) + I(Y, i) + G \tag{7}$$

给定政府支出 G、货币供给 M 和价格 P、总产出 Y 将由式(4)和式(7)组成的总需求不足下的 IS-LM 模型内生决定。

(三)财政支出对居民消费的效应分析

1. 乘数效应

在私人部门消费有效需求不足的情况下,政府财政支出具有"乘数效应"。政府公共支出的增加会引起国民收入的增加,而且国民收入的增加额会大于政府公共支出数额。由此可见,财政支出乘数表示为财政支出变动引起的国民收入变动量与财政支出变动量之间的比率。其乘数效应表明,政府增加财政支出可扩大国民收入,增加一定量的财政支出可以在更大程度上扩大社会总需求,从而达到增加国民收入的目的。

财政支出主要通过三种途径对消费产生影响。其一,通过直接购买消费品的方式。政府购买消费品可以直接增加社会需求,从而扩大市场容量。虽然政府消费比例较小,但可在一定程度上弥补居民消费的不足，在保证生产均衡方面发挥积极作用。其二，通过间接促进的方式。政府通过出台有力的宏观调控政策，增加居民可支配收入或者企业收入，从而间接地增加居民消费。这对扩大内需也具有积极意义。其三，财政支出对居民消费也可能会产生替代效应或者互补效应，前者会抑制居民消费的增长，后者会促进居民消费水平的提高，抑制或促进的额度具体由财政支出的结构决定。

2. 挤入和挤出效应

公共部门需求和私人部门需求共同构成了社会总需求，二者之间存在着此消彼长的关系。公共部门需求增加的结果是否能或能在何种程度上增加社会总需求，是由私人部门对公共支出增加所做出的反应来决定的。如果财政支出增加，没有增加社会总需求，则仅调整了社会总支出结构，以公共部门的支出替代了私人部门的支出，财政支出发挥"挤出效应"。凯恩斯学派认为，财政支出增加会导致利率上升，而利率上升会减少私人投资。另外，财政支出也有可能挤入私人投资。

在挤出效应方面，出于实施扩张性财政政策的需要，政府往往会向公众借款，从而引起政府部门与私人部门在借贷资金需求方面的竞争。政府在竞争中处于优势地位并且金融资源是有限的，由此私人部门投资需求的资金必然供小于求，从而形成挤出私人投资的效果。自1978年以来，中国财政收入占GDP的比重一路下降，因此积极财政政策的实施不得不依赖发行国债进行融资。这种现象在1998年应对亚洲金融危机时表现得也较为突出。政府融资一般都会减少全社会金融资源的供应，增加私人部门的融资难度。另外，财政支出可以通过影响中间变量利率，从而影响私人投资。传统的西方经济理论认为，政府支出规模的增加，无论是以税收融资还是以债务融资，均增加了对商品和劳务的需求，提高了利率，使得资本更加昂贵，因而将减少私人投资，形成挤出效应。在挤入效应方面，政府支出通过增强技术的熟练性、改善私人投资活动而间接提高私人资本生产率，这类政府支出活动（尤其是基础设施投资）可以视为对私人投资的一种补贴，从而刺激私人资本的积累和投资；同时，政府增加在基础设施领域的投资会增加关联行业中新的投资机会，从而刺激更多领域私人投资的增长，充分发挥挤入效应。

一般而言，对于财政政策的作用后果，大部分宏观经济理论模型得出的结论是相似的，即都认同扩张性的财政政策对产出的正面影响。消费、真实工资以及真实汇率等变量都会在众多模型中有所反应。理论模型一般并不认同这些模型在这些变量的定性反应，例如，受研究样本等多种因素的影响，标准的动态随机一般均衡模型和凯恩斯模型在对居民消费的影响方面的研究结果并不一致，新凯恩斯 DSGE 模型和 RBC 模型中对真实工资增长情况的表述也不一致。这些差异为本书研究的开展提供了理论基础和实证分析基础，也有助于本项研究建立在中国特色国情的基础上，有针对性地分析相关结论。

第三章 中国财政支出影响居民消费的现状

消费在拉动中国经济增长方面一直发挥着较为稳定的作用，但同时也存在着居民消费增速缓慢和城乡居民消费差距大等问题。这些不足明显影响了内需水平的提高。通过分析制约居民消费能力和消费意愿的相关因素，可以找到财政支出政策作用于居民消费的着力点。通过分析中国在扩大内需过程中实施的财政支出政策效果和运行时存在的问题，可以为财政支出政策的优化提供更好的建议。

一 中国居民消费现状

对居民消费现状进行分析，是研究财政支出对其影响的前提。中国虽然已经晋升为中等偏上收入国家，但在艰难的经济转型过程中，仍面临着经济高度失衡问题，重点表现为消费占国内生产总值的比重过低、投资所占比重过高等。鉴于消费在拉动经济增长中扮演着重要角色，居民消费不足、城乡居民消费差距过大等，也就成为经济转型中亟待解决的关键问题。

（一）消费稳定拉动经济增长

消费、投资和净出口是拉动经济增长的"三驾马车"，消费和投资是内需，净出口是外需。2000年以来，三大需求对国内生产总值增长的贡献率和拉动情况如表 3-1 所示。由表 3-1 可知，2000~2012 年，消费需求对国内生产总值增长的贡献率始终占据重要地位，并且波动幅度较小，是拉动经济增长的最稳定的需求。消费支出对国内生产总值的贡献率保持着较平稳的状态，一般处于 35%~60%，而投资和出口对国内生产总值的贡献率波动较大。消费需求对国内生产总值的拉动幅度也较为稳定，保持在 3~6 个百分点，增长幅度方面在 2004~2007 年、2009 年和 2011 年出现了小幅度的增长，同样投资和出口对国内生产总值的拉动波动幅度较大。2013 年，消费需求对国内生产总值增长的贡献率是 50%，投资的贡献率为 54.4%，净出口的贡献率为 -4.4%，消费的增长速度虽然低于投资，但保持着稳定的发展态势。另外，经济增长更无法依赖出口拉动。由此可见，2000 年以来，消费对经济增长的影响较为稳定，政府在扩大内需时，以消费为切入点所实施的财政政策是根据经济发展形势所做出的合理选择。

表 3-1　三大需求对国内生产总值增长的贡献率和拉动

年份	最终消费支出		资本形成总额		货物和服务净出口	
	贡献率（%）	拉动（百分点）	贡献率（%）	拉动（百分点）	贡献率（%）	拉动（百分点）
2000	65.1	5.5	22.4	1.9	12.5	1.0
2001	50.2	4.2	49.9	4.1	-0.1	0.0
2002	43.9	4.0	48.5	4.4	7.6	0.7
2003	35.8	3.6	63.3	6.3	0.9	0.1
2004	39.0	3.9	54.0	5.5	7.0	0.7
2005	39.0	4.4	38.8	4.4	22.2	2.5
2006	40.3	5.1	43.6	5.5	16.1	2.1
2007	39.6	5.6	42.4	6.0	18.0	2.6
2008	44.2	4.2	47.0	4.5	8.8	0.9

续表

年份	最终消费支出		资本形成总额		货物和服务净出口	
	贡献率（%）	拉动（百分点）	贡献率（%）	拉动（百分点）	贡献率（%）	拉动（百分点）
2009	49.8	4.6	87.6	8.1	-37.4	-3.5
2010	43.1	4.5	52.9	5.5	4.0	0.4
2011	56.5	5.3	47.7	4.4	-4.2	-0.4
2012	55.0	4.2	47.1	3.6	-2.1	-0.1

说明：①三大需求指国内生产总值的三大构成项目，即最终消费支出、资本形成总额、货物和服务净出口。②贡献率指三大需求增量与国内生产总值增量之比。

数据来源：2013年《中国统计年鉴》。

（二）居民消费需求增速缓慢

政府消费和居民消费共同构成了消费需求。从图3-1和图3-2可知，中国居民绝对消费水平基本上是上升的，人均居民消费支出也保持着增长趋势，居民消费总额从1978年的1759.1亿元增加到2012年的190423.8亿元，人均居民消费支出由1978年的182.7元增加到2012年的14063.4元。但在相对额方面，居民消费率近年来却一直呈现下降趋势，从1978年的48.8%下降到2012年的36.0%，并且居民消费的增长速度一直低于GDP的增长速度。虽然居民消费不足问题自1998年就开始引起政府的关注，但2008年爆发的金融危机再次凸显了中国内需不足、消费不振、经济增长缺乏内在动力等问题。尽管中国政府采取了增支减税等扩张性的财政政策来拉动居民消费需求，但是其增长速度仍然较为缓慢，调控居民消费需求的宏观经济措施并未对中国经济增长产生较为有力的促进作用。

居民消费率指居民消费需求占国内生产总值的比重，是衡量一国经济发展情况的重要指标，表示消费对经济增长的拉动程度。它直接关系到一国居民的消费能力和消费水平，影响着国民经济的正常运行。一定水平的居民消费率不仅有助于提高居民消费水平，加快消费结构的优化升级，也会在一定程度上促进国民经济的良性循环和社会进步。根据图3-2可知，中国居民消费率呈下降趋势，这和中国经济发展的程度不相符合。

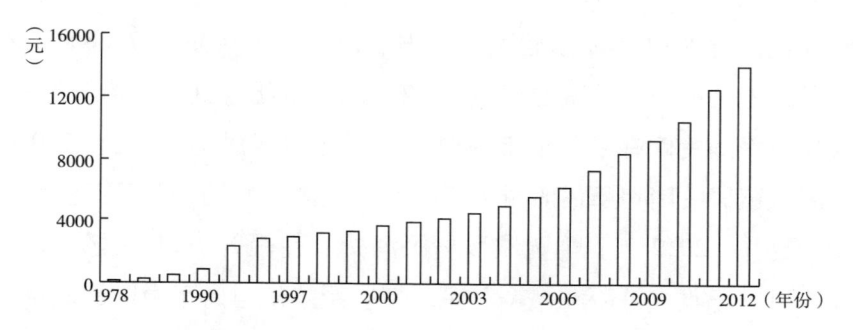

图3-1 中国1978~2012年人均居民消费支出
数据来源：2013年《中国统计年鉴》。

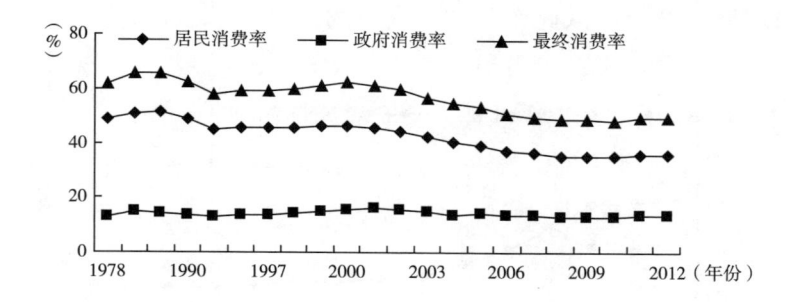

图3-2 1978~2012年中国最终消费率、居民消费率和政府消费率
注：最终消费、居民消费以及政府消费各自占GDP的比重，即最终消费率、居民消费率和政府消费率。
数据来源：2013年《中国统计年鉴》。

（三）城乡居民消费差距逐步加大

受经济发展水平、经济政策导向和传统消费文化的影响，中国居民消费具有典型的城乡二元化特征，城镇和农村的消费差距呈逐年扩大趋势（见图3-3）。由于中国经济发展程度落后于众多发达国家,城乡居民对可支配收入都具有较高的敏感性。由于农村居民的可支配收入远远低于城镇居民(见图3-4),所以农村居民对消费的敏感性远远高于城镇居民。中国城镇居民和农村居民消费比重自1978年以来呈现"剪刀状",即1978年中国城镇居民消费占居民消费的比重为37.9%,农村居民消费占居民消费的比重为62.1%;而2012年城镇居民消费占居民消费的比重为77.8%,农村居民消费占居民消费的比重为22.2%。由此可见,改革开放后,农村居民消费仅有不到十年的时间大于城镇居民消费。自1990年中国城镇居民消费所占比重大于农村居民消费开始,差距逐步呈现增大趋势。2012年,中国城乡居民消费的差距为105803亿元,巨大的可支配收入差距和城乡居民消费差距不仅阻碍了中国的城市化进程,而且给经济社会发展带来了不利影响。鉴于城乡收入差距所引起的城乡居民消费比重不协调现象,中国自党的十八大以来提出加快城市化建设,以此作为扩大内需的契机。

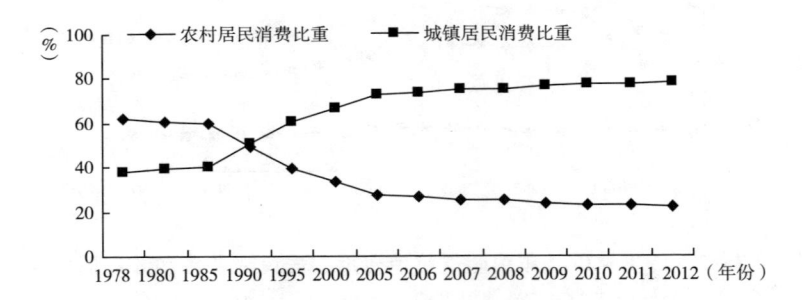

图3-3 1978~2012年中国农村居民消费和
城镇居民消费占国民消费比重

数据来源:2013年《中国统计年鉴》。

(四) 居民消费支出的国际比较

中国居民消费率和人均居民最终消费支出在世界上处于中等偏下水平(见图3-5和图3-6),不仅低于美国、德国和英国等发

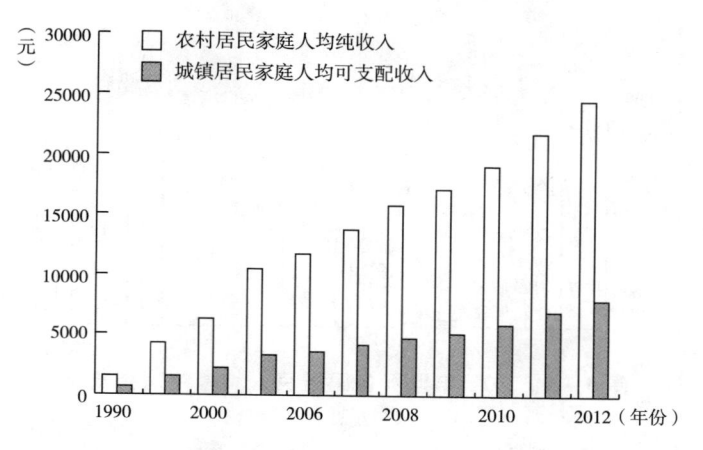

图 3-4　中国城乡居民人均可支配收入对比情况

数据来源：2013 年《中国统计年鉴》。

达国家，而且低于印度、韩国、菲律宾等发展中国家。其中，发达国家的居民消费率一般处于 60%～70%，部分发展中国家的居民消费率也保持在 60% 左右。2011 年，世界居民人均最终消费支出是 3713 美元，其中，高收入国家的人均居民消费支出是 17269 美元，中等收入国家的人均居民最终消费支出是 1229 美元，低收入国家的人均居民最终消费支出是 255 美元，而中国人均居民消费支出是 1929 美元。

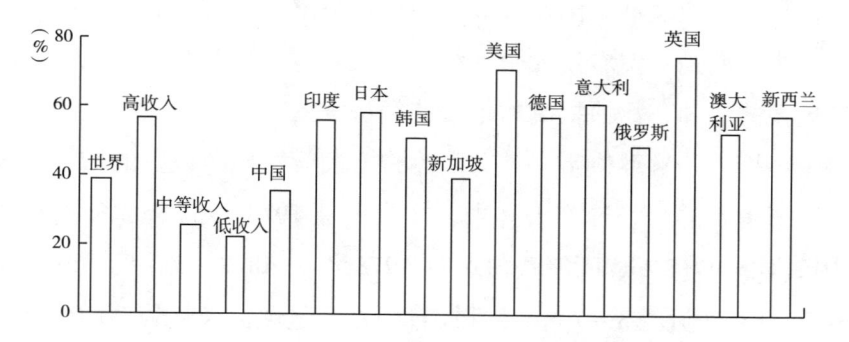

图 3-5　2011 年世界各国的居民消费率

数据来源：2013 年《国际统计年鉴》。

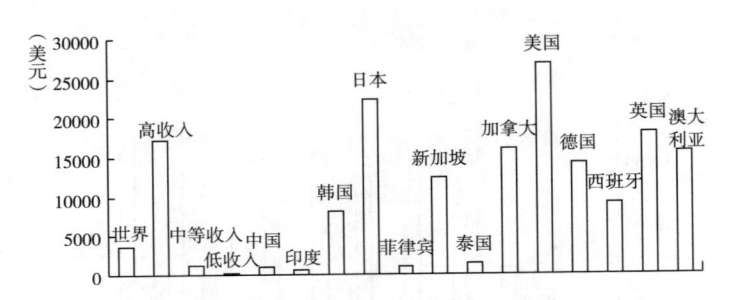

图 3-6 2011 年世界各国居民人均最终消费支出
数据来源：2013 年《国际统计年鉴》。

二 制约居民消费的因素分析

2000 年以来，中国居民消费的绝对额保持着较高的增长速度，但是居民消费率却持续下降。影响居民消费率的因素主要有两方面，即居民的消费能力和居民的消费意愿（俞建国、王蕴，2012）。研究制约居民消费的因素要从这两方面入手。

（一）影响居民消费能力的因素

1. 政府投资挤出居民消费

和大多数发展中国家类似，中国经济增长方式并非主要依靠技术进步，而是靠资本投入带动经济发展。地方政府为了在任期内创造更多的政绩，尽快提高本地区的经济发展水平，往往将更多的财政资金投入能够尽快带来效益的投资方面。这导致投资的增长速度超过了消费的增长速度，其中，投资率从 1978 年的 38.2% 上升至 2012 年的 47.8%，而消费率则从 1978 年的 48.8% 下降到 2012 年的 36.0%（见图 3-7），并且二者的差距呈现扩大趋势。由于财政资金有限，投资和消费往往存在着此消彼长的关系，投资的增加会对居民消费产生挤占作用，从而出现各种不利影响。首先，投资的高速增长，必然引起总需求结构失衡，高强度的投资和依靠国外市场释放生产能力，使得总需求的实现越来越依赖投资和出口，消费率必然下降。其次，高投资主要拉动的是第一产业和第二产业的发展，对以服务业为代表的第三产业作用较小。第三产业是吸收劳动力的重要行业，其规模萎缩必然会影响就业水平和居民收入，从而直接改变收入分配结构。最后，对资本投入和出口的过度依赖必然会提高资本的贡献率，从而对劳动贡献率和全要素生产率形成较为有力的挤出效应。其中，对劳动的挤压表现为高投资、高出口所带动的产业对劳动需求较少，或者需要较多素质相对较低的劳动力。这挤压了人力资本，进一步影响了居民的可支配收入的增加，降低了居民消费能力。

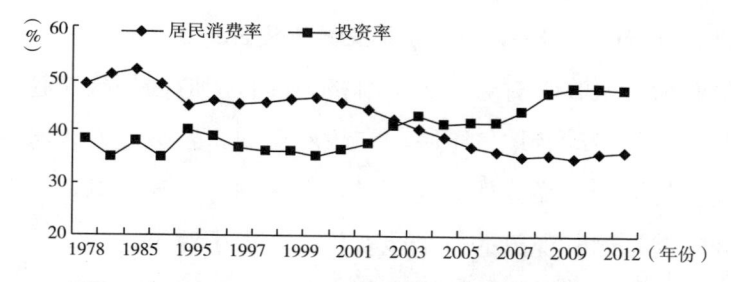

图 3-7　1978~2012 年中国的居民消费率和投资率

说明：居民消费率是指居民消费占国内生产总值的比重；投资率即资本形成率，指资本形成总额占国内生产总值的比重。

数据来源：2013 年《中国统计年鉴》。

2. 出口导向战略的影响

任何国家对外依赖过大，都会受到国际经济波动的影响，从而出现经济的不稳定。中国出口导向战略增加了对国际市场的依赖，挤压了国内的消费。一方面，粗放的出口方式导致国内资源过度消耗，从而需要进口大量的原材料和初级产品，间接导致资源型产品价格的上升。进口价格的上升通过传导机制从国内上游产业传导至下游产业，并最终转嫁给消费者，从而较易引发通货膨胀。2000年以来，经济对出口的依赖加深了国际市场对中国经济的影响。2005年，货物和服务净出口对经济增长的贡献率在2005年达到22.2%，之后出口的贡献率呈逐年下降趋势，并自2011年开始连续三年表现为负贡献率。在这一战略的影响下，中国在2008年全球经济危机中受到重大影响，如2009年货物和服务净出口对经济增长的贡献率为-37.4%，在政府大力调控下，这一数据在2012年缓和至-2.1%。另一方面，出口对经济增长的拉动较小，不利于国民收入水平的提高。受国内外多重因素的影响，2008~2012年，出口对经济增长的拉动都低于1个百分点。这意味着出口在消耗资源的同时，并没有对增加国内产出做出贡献，从而也不利于居民可支配收入的提高，并进一步影响了居民的消费能力。

3. 政府和企业收入对劳动者报酬的挤占

政府和企业收入对劳动者报酬挤占的直接原因是政府越位、国有企业垄断和劳动者地位下降。在政府层面，各级地方政府都或多或少地参与了地方经营性活动。目前存在的地方政府融资平台过度负债问题就是这种现象的一个显著后果。由于对市场活动的过多干预，政府也成为市场活动中重要的参与主体。由此政府会更多地倾向于站在所有者和经营者角度考虑问题，而不是花大力气保护消费者和劳动者的利益。国有企业方面，大量存在的国有企业在中国市场形成了过强的垄断地位，并享受着政府给予的各种隐形补贴。这不仅给国有企业带来了巨额利润，而且造成了企业间发展机会的不平等。在解决就业方面，国有企业贡献较少，基本由民营经济来承担。另外，国有企业经营机制已经形成，但是约束机制尚不完善。国有企业依靠财政资金和国家信用参与市场竞争，盈利大部分归自己，亏损时则向国家要求补贴，从而加剧了市场上效率的不高和公平的失衡。劳动者方面，工业化过程中产生了大量农业剩余劳动力，20世纪90年代中后期，制度改革产生了大量的农民工和下岗职工。失业率的提高不仅使失业居民的消费需求进一步萎缩，而且增加了在岗职工的就业压力，降低了其消费意愿。另外，在众多国有企业中，存在着"利润侵蚀工资"现象，居民收入的增长速度逐步低于企业利润的增长速度。由于劳动者报酬、财政收入和企业收入在国民收入中存在着此消彼长关系，政府和企业收入所占份额的增加自然就降低了居民收入在国民收入中的比重，从而限制了居民的消费能力。

（二）制约居民消费意愿的因素

1. 居民投资动机和预防动机增强

中国经济自改革开放以来经历了连续三十多年的高速增长，带来了股市和房地产等资本市场的繁荣。这对不同收入群体产生了不同的影响。一方面，对于高收入群体来说，投资收益的增加刺激了高收入人群的投资动机。房地产和金融市场的繁荣增强了居民对资本收益的预期，居民往往将家庭多余的资金投放到市场中。由于投资不是消费，所以投资市场的繁荣不仅在一定程度上限制了高收入群体消费水平的进一步提高，而且推高了物价水平。另一方面，对于中低收入群体来说，高房价、高物价增强了其预防动机和储蓄动机。中国居民工资的增长速度远低于物价和房价的增长速度，处于中低收入水平的群体在消费时更加谨慎，消费倾向下降。由此，居民消费的增长速度不但低于居民收入的增长速度，而且低于居民储蓄的增长速度。随着经济的发展和物价的上升，高收入群体投资收益越来越高，低收入群体则一直被征收"通货膨胀税"。这就容易形成"富者愈富，穷者愈穷"的经济社会状况，不利于经济发展和社会稳定。

2. 居民收入的不确定性增加

中国经济目前正处于转轨时期，面临着较多的潜在风险，这些风险增加了居民收入的不确定性。具体来说,这些风险主要包括:其一,市场风险。在中国市场经济改革过程中,政府未来的政策具有较多的不可预见性,即便是政府制定的有利于国计民生的政策,在实施时也有可能违背政府初衷。同时由于市场风险的存在,居民就业机会和收入水平会随着劳动力市场波动而存在较多的不确定性。其二,收入分配制度不完善。中国在国民收入初次分配和再分配方面都存在着较多的弊端。例如,在初次分配过程中,市场制度的不完善导致了政府和企业侵占劳动者报酬的现象;在再分配过程中,中国尚未建立起完善的社会保障体系和税收体系,收入分配制度的不完善使居民收入的不确定性进一步增加,降低了居民的消费意愿。其三,政府公共消费支出不足。政府收支增长一直较快,但用于投资的部分增长更快,而用于公共消费的支出却增长缓慢。部分本应由公共消费承担的支出转变为居民的私人消费支出,不仅削弱了"公共消费支出"本来的意义,而且增加了居民的负担,降低了居民的收入水平。

3. 消费环境较差

消费环境对居民消费的影响主要体现在两个方面:在自然环境方面,中国环境受污染程度较高,空气污染和水污染尤其严重;在社会环境方面,食品安全问题屡见不鲜,假冒伪劣产品防不胜防,毒奶粉、毒猪肉、毒大米等严重侵害消费者权益的事件不断被揭露。两项因素作用的后果是在限制居民消费意愿的同时,也使国外产品逐渐侵占了国内市场,大量居民更加偏好国外生产的产品,也更愿意通过在国外旅游的机会大量购买生活用品和各类奢侈品。"国外购物热"不仅损害了国内消费者市场的发展,而且导致中国出现大量的资金外流。另外,中国政府的市场管理能力较弱,监管措施不到位以及对损害消费环境的行为处罚力度较小,更是加剧了居民消费环境的恶化,不利于居民消费的进一步扩大和提升。

三 中国拉动居民消费的财政支出政策实践

从 1998 年到 2013 年,全国财政支出规模从 10798 亿元增加至 139744 亿元,增加了近 12 倍,财政支出占 GDP 的比重从 12.79% 增加至 24.56%,增加了 11.77 个百分点。即使在 1998 年和 2008 年两次经济危机和经济不景气的背景下,财政支出规模仍然处于上升态势。可见,在中国宏观调控中,财政支出政策一直发挥着重要作用。

(一) 基于亚洲金融危机的分析:1998~2002 年

中国政府对内需的重视始于 1998 年亚洲金融危机。为应对危机和扩大内需,政府采取的财政支出政策主要包括以下几点。1998 年,在增发 1000 亿元国债用于基础设施建设的前提下,中央财政改变了年初预算中 180 亿元国债的用途,即将原用于基础设施建设的资金做出重大调整,使这部分资金用于增加教育科技支出和抢险救灾支出、发放离退休人员的养老金,以及保障国有企业下岗职工基本生活等方面。自 1999 年 7 月 1 日起,为保障国有企业下岗职工的基本生活,政府在城镇居民失业保险和最低生活保障标准的基础上,进一步将补助水平提高了 30%。同时增加机关事业单位职工工资,月人均基本工资提高 30%,相应增加机关事业单位离退休人员的离退休费,并提高企业离退休人员的待遇。为了增加居民收入,财政安排了更多的扶贫资金,并借鉴美国应对大萧条的经验,鼓励各地区利用以工代赈的方式强化生态环境建设,从而增加居民可支配收入。2000 年,政府制定了多项完善社会保障体系的政策,在调整财政支出结构的总体框架下,出台了推进城镇职工医疗保险制度、加强医疗卫生体制建设,以及加大对低收入群体的保障力度等措施,有力地保障了中国居民的基本生活水平。2001 年,中央财政用于社会保障方面的支出是 1998 年的 5.2 倍，高达 982 亿元。财政划拨了大量资金用于进一步提高行政事业单位人员的工资水平和离退休待遇，并出台了缓解中西部经济较不发达地区工资拖欠问题的相关措施，包括安排专项预算周转资金和增加对地方财政的转移支付等。2002 年，中央财政安排的社会保障支出为 1362 亿元，具体使用方向仍然是切实增加居民可支配收入，包括从同年 7 月 1 日起增加企业退休人员基本养老金额度，重点提高养老金偏低的工人、军队转业干部的待遇水平，等等。①

另外，政府在应对 1998 年亚洲金融危机扩大内需时，并没有充分地利用税收工具来促进居民的消费需求，仅对部分小税种进行了微调。为了降低企业和社会负担，1998 年开始逐步取消了多项不合理的收费和政府型基金；1999 年为鼓励居民消费和缩小收入差距，出台对储蓄存款利息恢复征收个人所得税的实施办法，并重点调低住房、汽车等耐用品的消费税率等。

（二）基于全球经济危机的分析：2008～2012 年

中国政府在应对 2008 年全球经济危机时，采取的财政支出政策主要包括如下几个方面。

1. 出台了扩大内需的十项措施

根据 2009 年中央经济工作会议提出的"保增长、扩内需和调结构"的工作重点，总额为 4 万亿元的扩大内需措施主要安排在十个方面：保障性安居工程，农村基础设施建设，铁路、公路和机场等重大基础设施建设，医疗卫生、文化教育事业发展，生态环境建设，自主创新和结构调整，地震灾区灾后建设，提高农资综合直补、良种补贴、农机具补贴，营改增改革，合理扩大信贷规模等。

---

① 《中国积极财政政策的回顾与评价》，http://www.chinaacc.com/new/287/291/324/2006/5/sh0098254131225600216560-0.htm。

2. 出台创新性的消费政策

政府将占中国人口60%的农村居民消费作为扩大内需的重点，出台的政策包括家电下乡、汽车下乡、"以旧换新"活动等。例如，截至2012年11月底，全国累计销售家电下乡产品2.93亿台，实现销售额7071亿元；"汽车下乡"活动安排的资金大约是50亿元；在汽车、家电"以旧换新"活动中，政府对农民报废三轮汽车和低速货车换购轻型货车，以及购买1.3升以下排量的微型客车，给予了一次性财政补贴和购置税优惠政策。政府以财政补贴的方式，在全国的九个省市推出电视机、电冰箱、洗衣机、空调以及电脑等家电产品"以旧换新"活动，发展并大力完善旧货市场，最大限度刺激居民消费需求。由实施效果可知，这些政策不仅有助于释放城乡居民的消费需求，而且在带动流通和生产企业走出困境方面发挥了积极作用。

3. 完善就业政策，保证居民可支配收入

针对全球经济危机给就业带来的冲击，中国政府出台了诸多措施扩大就业。一是强化政府促进就业责任，把新增就业人数和控制失业率作为政府政绩考核的重要内容。二是在推出重大建设项目和政府重点投资时，做出关于提高就业率的详细安排，积极鼓励吸收高校毕业生、失业人员和农民工群体就业等。三是采取积极措施减轻企业负担，鼓励企业稳定就业岗位。通过缓缴社会保险费，逐步降低城镇职工基本医疗保险、失业保险、工伤保险、生育保险费率，运用失业保险结余最大化地引导困难企业职工生存和发展，稳定就业岗位。四是把大学生就业放在就业工作的首位，鼓励和引导高校毕业生到城乡基层就业。五是加强就业服务和职业培训，并通过社会保险补贴和税收扶持等政策，鼓励企业吸纳就业困难人员和失业人员。

4. 增加农民可支配收入，提高农民消费水平

中央政府近年来持续增加对农业、农村和农民的投入。2008

年，中央财政对"三农"投入5955亿元。至2011年，全国财政"三农"支出达到39270.6亿元，其中，中央财政支出10497.7亿元，比2010年增长22.4%；地方财政支出28772.9亿元，比2010年增长23.1%。财政"三农"支出主要用于支持农业生产和农村社会事业发展。一是农业生产支出，包括加强农业综合开发，增加粮食综合生产能力，加大财政综合扶贫投入力度，支持农业科技创新，为农业发展和农民增收提供有力支撑。二是农村社会事业发展支出，主要用于解决农村教育发展问题，增加新型农村合作医疗补助资金，支持农民培训和农村劳动力转移就业等。三是农民的粮食直补、农资综合补贴、良种补贴和农机购置补贴支出，进一步加大补贴力度，调动农民种粮积极性。四是农产品储备费用和利息等支出，主要用于保障国家粮油储备数量和质量，提高粮食最低收购价，实施主要农产品临时收储政策等。[①]

另外，在税收政策方面，为配合国家扩大内需的目标，刺激居民消费水平的提高，中国政府在2008年底提出了结构性减税政策。具体内容主要包括降低关税、提高个人所得税扣除标准、降低车辆购置税以及出台其他税收优惠措施等。

四 中国财政支出政策的实施效果和问题分析

中国在改革开放初期实施的是"摸着石头过河"经济政策，虽然目前已进入改革的"深水区"，但仍然坚持从实践中探索推进经济发展。无论是处于何种阶段，政府出台的宏观调控政策虽然都经过了仔细斟酌，但都不可能做到尽善尽美。财政支出政策也不例

---

① 财政部网站，《财政支持"三农"情况》，http://www.mof.gov.cn/zhuantihuigu/czjbqk2011/czzc2011/201208/t20120831_679920.html。

外,在拉动内需过程中发挥积极作用的同时,也面临着较多问题,从而制约了经济的发展。

(一) 财政支出政策实施的效果评价

在1998年积极财政政策的实施过程中,财政支出政策重点是通过扩大政府投资使总供求稳定在充分就业均衡的水平,旨在利用投资转化的收入效应达到改变居民消费预期并增强居民消费意愿的目的。在政府投资的作用下,扩张性的财政政策对于防止经济下滑做出了重要贡献,保证了经济的高水平增长。但居民消费方面的现实情况是,1998年居民消费率为45.3%,2004年居民消费率为40.5%,而投资增长远快于消费增长,投资率由1998年的36.2%上升至2004年的43.0%。由此可见,财政政策的反周期调节作用并没有对居民消费产生强有力的拉动作用,反而使经济增长越来越依赖政府投资。同时,政府投资带来的收入效应较为一般,居民消费预期和消费倾向没有得到显著改变,反而更多地增加了居民储蓄,给政府扩大投资造成了较大的压力,从而导致经济中的储蓄—投资机制进一步失衡。另外,国债投资对经济增长的贡献率在1999~2002年都处于20%以上,已经成为除投资、消费、出口之外的"第四驾马车"。以上事实说明扩张性财政政策直接产出效果大于对经济的调控作用,其实质是以直接作用于经济增长的方式掩盖了政策传导受阻的事实。

2008年积极财政政策的重点是扩大内需,大量财政支出的下放遏制了国民经济的下滑趋势,对外贸易出现回升,居民消费和投资都呈现了增长态势,城镇居民收入保持了合理增长。政府在拉动居民消费方面的政策已经发挥了良好的效果,如2007年以来家电、汽车、摩托车下乡政策的出台实施,带动了农村地区家电销售的增长,对拉动农村居民消费需求和改善农民生活发挥了明显的积极作用。在节能产品惠民工程方面,政府充分利用财政补贴工具促进消费,并有效地发挥了财政政策的乘数效应,为进一步扩大消费需求和发展循环经济奠定了良好基础。汽车、家电以旧换新等政策也发挥了较好的效果,在提高中国居民消费能力和促进居民消费意愿方面发挥了积极作用。但和城镇居民消费水平相比,农村居民消费水平仍然偏低。2012年,中国农村居民消费和城镇居民消费占居民消费总额的比重分别为22.2%和77.8%,农村居民消费所占比重低于2008年宏观调控之前的24.8%。另外,2008~2012年居民消费和政府消费占最终消费支出的比重相差不大。由此可见,中国在拉动居民消费时,加大了对居民消费的财政补贴和投入力度,但是在优化居民消费结构方面,仍未出现较为明显的效果。

(二) 财政支出政策运行中存在的问题分析

1998年和2008年实施的扩张性财政政策,使中国消费需求不足问题得到了一定程度的缓解,消费增速已基本上与历史平均水平同步。但是财政政策在实施过程中,居民消费对经济的拉动作用一直处于较低的平稳状态,并未出现贡献率较高的情况。通过分析中国财政政策在影响居民消费方面所展现的事实,可以看出,财政支出政策在运行时存在的问题主要表现在以下方面。

1. 省级政府财力短缺是扩大内需的重要障碍

在中国2008年出台的以保障民生和扩大内需为重点的4万亿元投资计划中,中央政府支出资金1.18万亿元,地方政府配套和市场融资资金2.82万亿元。事实上,由于"软预算约束"的存在,政府预算无法对各级政府行为形成强有力的约束,地方政府为了追求本地区经济发展,配套资金早已超过规定的额度,从而产生了巨大的地方政府债务。截止到2013年6月底,由地方政府债务融资平台所累积的债务高达17.9万亿元,比2010年底的10.7万亿元多出7.2万亿元。债务扩张速度惊人,并且结构性风险突出。部分地方政府的资产负债率甚至高达100%、200%,有着非常大的偿债压力。过多的地方政府债务在未来必然会通过税收收入影响居民消费水平的提高,成为政府扩大内需的重要障碍。

除了中央政府代发地方债以外,地方政府债务主要来源于地方融资平台。而地方政府融资平台是地方政府融资渠道受到约束的必然产物。一方面,中国的税权高度集中在中央政府层面,地方政府无法获得较大的财权;另一方面,中国预算法规定地方政府实行以收定支,并不具备债务融资的权利,由此约束了地方政府的事权。另外,即使地方政府可以通过融资平台筹措到所需要的资金,也无法保证能按期归还。地方财政赤字有助于扩大地方经济的规模,但地方政府并不能保证通过这一政策而产生的地方财政收入的增量足以归还债务。一般来说,中央政府发行公债,其债权人与公债所形成的支出的受益人是一致的,因此即使到期无法偿还,也不至于引起财政破产。但是地方公债却不同,在债权人中有一部分是外地居民的情况下,就会产生受益人与债权人负担不一致问题。因而债权人购买公债,纯粹是为了获取商业利益,一旦地方政府不能如期归还债务,就会导致地方政府破产,由此可见地方公债的财政风险大大高于国债。

地方政府财力短缺不仅对地方调控经济产生了影响,更在一定程度上损害了居民的切身利益。以当前中国存在的经济泡沫为例,地方政府、房地产开发商和银行三者联合推动了土地价格,这不仅使信贷集中流向了地方政府和开发商,而且推动了通货膨胀率上升,等同于对所有居民征税,而这显然不利于居民消费水平的进一步提高。

2. 投资和消费二者的关系处理不当

居民消费是国家宏观调控政策的重点,但不可就此忽视投资对经济增长的拉动作用。消费和投资二者之间既相互促进又相互制约。从再生产的角度看,消费和投资之间的关系表现为消费和生产的关系,没有生产就没有消费,消费对生产具有巨大的反作用;从市场的角度看，消费和投资之间的关系表现为供给和需求关系，只有供需平衡，才能达到市场出清的稳定状态；从分配的角度看，消费和投资之间的关系表现为消费和储蓄关系，理性经济主体不仅要维持适度的消费，以保证适当的市场需求，而且要维持适度的储蓄，为投资提供资金来源（任碧云、王留之，2010）。由此可见，地方政府在贯彻执行国家扩大内需政策时，应注重消费和投资二者的协调均衡。2013年数据显示，消费对GDP增长的贡献率为50%，投资对GDP的贡献率是55%。这表明投资增速快于消费，并且在经济中占有较高的比重。如果投资增速大幅放缓或者投资出现下滑，则势必会影响就业和工资水平，从而导致消费下降。由此可见对于经济增长来说，投资和消费二者都是不可忽视的重要因素，政府应根据经济形势处理好二者之间的主次关系。但是从目前经济发展情况看，大多数地方政府受各种因素的制约，并不能做到在投资过热时促进消费，也不能做到以消费带动投资增长。政策不力的后果是重复建设现象严重，产能过剩突出，对经济运行造成很大的危害。

3. 政府存在"缺位"和"越位"现象

政府存在"缺位"和"越位"现象的根本原因，是没有处理好政府和市场、中央和地方两大关系。其一，在政府和市场关系方面，中国目前正处于关键的转型时期，政府在不同的发展阶段扮演着不同的角色，不同阶段政府和市场之间的角色转换及调整有其历史原因，这种大调整有时会促进增长秩序，有时会破坏市场秩序。[1]中国大部分地方政府在采用宏观调控手段扩大内需时，会在很多领域存在"缺位"和"越位"。中国在经济危机中表现出的内需不足问题

---

① 张燕生：《从佛山看中国改革》，FT中文网，http://www.ftchinese.com/story/001053545#utm_campaign=BARRIER0&utm_source=marketing&utm_medium=campaign。

虽然是经济问题，但是问题的根源在于政府治理行为存在缺陷，政府在调控宏观经济时，存在"缺位"和"越位"现象。其二，在中央和地方关系方面，由于财政税收关系是中央和地方最基本的经济政治关系，所以财政政策的运用必然涉及中央和地方政府之间的利益关系。1994年分税制改革之后，中央政府掌握了较多的经济控制权，加强了对地方经济的控制力度，但中央政府职能有限，不可能对地方事务做到面面俱到，另外地方政府短期内追求政绩，在政策执行中根据自身利益最大化贯彻中央政府的宏观调控政策，并且地方政府之间展开了激烈的竞争。在利益驱使下，中央和地方之间的事权不够明确，并且事权和财权不对等，加剧了各级政府层面存在的"缺位"和"越位"现象。

一般情况下，在政府职能缺位方面，问题主要表现在两个方面。其一，公共产品提供不足。完善的公共设施是拉动居民消费的前提，是市场运行的先决条件，但在中国存在着教育、医院、道路、环保等大量具有正外部性的公共产品供应不足现象。其二，社会保障体系不健全。市场本身无法解决贫富差距问题，需要政府充分运用各种政策保障居民的基本生活，然而目前中国社会保障建设体系缺失较为严重，与欧美等发达国家和地区相差甚远。

同时，在政府职能越位方面，问题主要表现在两个方面。其一，政府主导投资比重过大。政府主导投资比重过大降低了投资的效率，政府对国有部门大规模地补贴资金最终要由家庭部门承担，通胀税、较低的银行利率和征地会增加家庭的负担，会在一定程度上降低居民的可支配收入，从而不利于消费需求的扩大。其二，各级政府作为"代理者"掌控部分国有企业的运行和利润，干扰市场经济的正常运行，不利于各类企业之间的公平竞争。另外，过多的国有企业亏损补贴浪费了财政资金，加剧了行业之间的贫富差距。

第四章 财政支出影响居民消费的国际经验借鉴

由于经济体制和发展程度不同,各个国家的居民消费在拉动经济增长方面所发挥的作用具有一定的差异。同样在影响居民消费方面,财政支出政策所实施的内容和作用方式也存在着较大的区别。通过分析发达国家和发展中国家的财政支出结构、政策内容和政策效果,可以以旁观者的身份对各国财政支出政策做出客观评价,并积极借鉴其成功经验,或吸取其失败的教训。

一 发达国家财政支出影响居民消费的实践分析

(一)发达国家的居民消费

对于发达国家来说,居民消费是经济增长的重要动力。由表4-1可知,对于英国、澳大利亚、加拿大和西班牙等大部分发达国家来说,居民消费是影响产出水平的重要因素,其对国内生产总值的贡献率远远超过了投资和出口两大因素。可以看出,相比于投资和出口来说,西方国家更加重视消费对经济的拉动作用,出台的相关政策都直接或间接地促进了居民消费水平和消费总量的提高。数据显示,大部分发达国家的人均居民消费支出大于中等收入国家的平均水平(见表4-2)。2008年全球经济危机以来,众多发达国家由于经济萧条而失业率上升，人均可支配收入下降，居民消费的增长率也出现了不同程度的下降，物价上涨压力不断增加。

表4-1 发达国家投资、消费和出口对国内生产总值增长的贡献率

单位：%

国　家	投资		消费		出口	
	2000	2011	2000	2011	2000	2011
英　国	50.4	—	85.2	—	-35.6	—
德　国	50.7	45.0	88.5	32.9	-39.2	22.1
澳大利亚	22.0	94.0	68.6	160.9	9.4	-154.9
加拿大	28.4	48.7	53.1	439.4	18.5	-388.1
法　国	46.6	—	64.4	—	-11.0	—
日　本	—	62.7	—	5.0	—	32.4
荷　兰	7.2	92.5	58.7	-35.7	34.2	43.2
意大利	33.2	64.5	52.6	13.7	14.2	21.9
西班牙	55.2	—	72.6	—	-27.8	—

数据来源：2013年《国际统计年鉴》和世界银行数据库。

表4-2 部分发达国家的居民消费支出

国　家	居民最终消费支出（亿美元）*			居民人均最终消费支出（美元）△		
	2000	2005	2011	2000	2005	2011
高收入国家	161845	220142	264503	15418	16955	17269
中等收入国家	34493	52851	117478	780	924	1229
低收入国家	1308	1878	3609	202	228	255
美　国	68304	88035	102456	24207	26749	26777
英　国	9683	14818	14493	16442	18933	18089
德　国	11010	16254	20489	13392	13556	14211
澳大利亚	2433	4040	7263	12702	14544	15580
加拿大	4013	6263	9131	13043	14515	15998
法　国	7454	12158	14792	12237	13058	13503
日　本	26240	25943	31979	20682	21816	22372

续表

国　家	居民最终消费支出（亿美元）*			居民人均最终消费支出（美元）△		
	2000	2005	2011	2000	2005	2011
荷　兰	1942	3113	3513	12196	12444	12100
意大利	6616	10542	12378	11619	12444	12100
西班牙	3464	6530	8165	8604	9471	9205

说明：＊指物价；△指 2000 年价格。
数据来源：2013 年《国际统计年鉴》和世界银行 WDI 数据库。

目前，世界居民消费率的平均水平大约为 60%。对于大多数发达国家来说，消费需求是拉动经济增长的第一动力。主要发达国家的消费占 GDP 的比重一般处于 60%~70% 的水平。例如 2011 年，美国的居民消费率为 71.0%，英国的居民消费率为 64.4%，日本的居民消费率为 60.0%，意大利的居民消费率为 61.3% 等（见表 4-3）。总体来看，发达国家较高的居民消费水平很大程度上和社会福利性支出（包括社会保障就业、医疗卫生、教育等）所占比重密切相关。数据显示，美国社会福利性支出占财政支出的比重为 58.8%，法国为 70.1%，英国为 67.9%，德国为 68.8%，日本为 69.1%，北欧三国为 72.4%。

表 4-3　部分发达国家的居民消费率

单位：%

国　家	1990	2000	2005	2009	2010	2011
美　国	66.6	69.0	70.1	71.2	70.9	71.0
英　国	62.2	65.6	65.0	64.2	64.0	64.4
德　国	57.7	58.4	58.8	58.4	57.5	57.3
澳大利亚	56.6	58.4	58.0	53.5	54.1	53.0
加拿大	56.7	55.4	55.3	58.7	57.9	59.0
法　国	57.5	56.2	56.9	58.1	58.0	57.7
日　本	53.3	56.5	57.8	60.1	59.3	60.0

续表

国　家	1990	2000	2005	2009	2010	2011
荷　兰	49.7	50.4	48.8	45.9	45.4	44.9
意大利	57.0	59.9	59.0	60.3	60.6	61.3
西班牙	60.5	59.7	57.8	56.1	57.7	58.3

数据来源：2013年《国际统计年鉴》。

（二）发达国家影响居民消费的财政支出政策分析

1. 美国的财政支出政策分析

本节主要从两个时段分析美国影响居民消费的财政政策，一是20世纪30年代的大萧条时，二是2008年全球经济危机时。其中美国20世纪30年代大萧条时的经济状况类似于2008年经济危机时中国的经济状况。由于消费严重萎缩和生产力相对不足，美国在大萧条中出现了农产品价格下跌、农民收入下降、失业率上升等现象。为了应对大萧条，罗斯福政府出台了以财政政策为主的宏观调控措施促进经济发展，包括增加财政支出、发行公债、弥补赤字等措施。具体措施由两个阶段组成：第一个阶段是"百日新政"（1933年3月9日至6月16日），主要目标是复兴，采取的措施包括恢复银行信用、实现美元贬值、维持农产品价格等；第二个宏观调控阶段始于1935年5月，主要目标是改革，采取的措施包括失业救济、兴建公共工程、以工代赈和税制改革等（陈共、昌忠泽，2002）。

在应对2008年全球经济危机期间，美国政府采取的财政手段是以刺激经济为主，除部分财政补贴外，并未针对内需专门出台相关财政支出措施。经济政策主要内容包括：2008年出台的以减税为主的《一揽子经济刺激法案》，2009年通过的以增支减税为主的《美国政府恢复与再投资法案》（ARRA），2010年以提高社会福利为目的的《美国大众卫生保健法案》，以及汽车购买补贴、三大促进就业政策等。2007年，在全球危机发生之前，美国中央政府各项重点支出的比重分别为：社会保障支出29.54%，教育支出2.39%，卫生保健支出25.18%；2010年经济危机发生之后，美国中央政府各项重点支出所占比重调整为：社会保障支出32.24%，公共服务支出10.20%，教育支出3.52%，经济事务支出6.02%，卫生保健支出24.40%。根据经济危机前后美国中央政府财政支出安排可以看出，财政支出结构并未发生太大变化，美国政府一直较为重视保障居民的基本生活和消费水平，如社会保障支出、公共服务支出和卫生保健支出等一直占据着较大的比重，社会保障体系和公共服务体系的完善在很大程度上增强了居民的消费信心。

由图4-1可知，2006~2012年美国财政支出占国内生产总值的比重介于35%和45%之间，2009年应对经济危机时达到最大值42.8%，表明此时政府干预的力度最大，当经济危机发生的时候，政府是"大政府"和"大财政"。这点与英国经济学家皮考克和威斯曼（1961）的财政支出增长理论相一致，即在正常年份公共支出呈现渐进上升趋势，但当社会经历经济危机、战争或重大灾害时，公共支出会急剧上升；当危机和灾害结束后，公共支出水平会下降，但是仍然高于原来的水平。另外，美国政府的宏观调控政策由中央政府做出决定，但是为了提高本地区居民人均可支配收入和消费水平，还需要地方政府做出更多的努力。

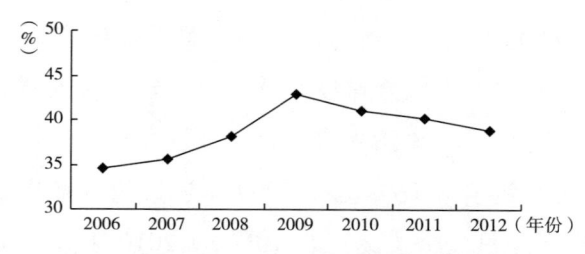

图4-1　美国财政支出占GDP的比重情况

数据来源：IMF，http://www.imf.org/external/data.htm。

2. 荷兰的财政支出政策分析

2008 年以来，荷兰政府并没有同欧元区其他国家一样，通过增加财政支出和降低税负的方式应对居民消费水平的下降，而是主张财政整顿的速度和各年份的财政金融风险相对应。荷兰政府长期保持较小的债务规模，经常账户出现大量顺差。保守性的财政政策后果主要包括两个方面：一方面，荷兰政府的财政刺激力度较小，不仅使通货膨胀率和国内生产总值增速降低，而且保证了财政赤字占国内生产总值的比重低于欧盟设定的 3% 上限；另一方面，相比其他国家，荷兰经济表现出较为缓慢的复苏速度，失业率大幅增加，平均购买力不断下降，家庭消费支出也明显下降。由此可见，针对不景气的经济状况，荷兰政府采取的财政紧缩政策显然不合时宜，在阻碍经济增长的同时，也削弱了主权债务信用。作为欧洲最繁荣的国家之一，荷兰政府有足够的能力偿还债务，采取扩张性的财政政策未尝不可。在本国居民负担较重债务的前提下，这种趋向于紧缩性的财政政策显然无法达到促进居民消费的目的，从而也不能刺激本国经济出现大幅度增长的情况。欧委会预期 2014 年荷兰的经济增长率仅为 0.2%，增长速度在欧元区国家中排名靠后，甚至低于希腊和葡萄牙等国家。

根据荷兰财政支出安排，可以看出，荷兰政府虽然没有采取扩张性财政政策，但在保障居民基本生活和公共服务产品提供方面，却安排了足够的财政支出。如 2010 年，荷兰中央政府各项重点支出所占比重分别为：社会保障支出 34.83%，公共服务支出 18.37%，教育支出 10.84%，经济事务支出 9.21%，卫生保健支出 17.82%。由图 4-2 可知，荷兰财政支出占国内生产总值的比重一般为 39%~46%，受全球经济危机和欧债危机的影响，这一比重在 2009 年和 2010 年达到最大，分别是 45.8% 和 45.6%。显然，荷兰政府对经济的调控力度大于美国政府。荷兰政府之所以采取紧缩性的财政政策，是意识到自身政府规模过大之后而做出的选择。荷兰财政支出的变化情况同样符合财政支出增长理论。

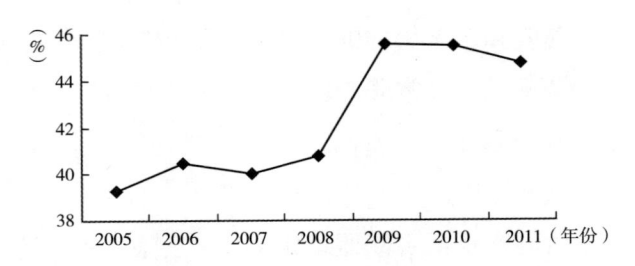

图 4-2　荷兰财政支出占 GDP 的比重情况
数据来源：CEIC 全球经济数据库。

3. 英国的财政支出政策分析

英国政府在利用财政支出政策调节经济的过程中具有"审时度势"的特征。从 1990~2011 年英国的居民消费率保持在 64% 左右可知，英国居民消费率一直处于平稳状态，而且财政支出政策对居民消费的影响较小。2008 年全球经济危机以来，英国也面临着经济衰退和居民消费不振的局面，为此，英国政府采取了扩张性的财政政策和宽松的货币政策来刺激经济，提振居民消费需求。如英国政府 2008 年 11 月公布了有效期至 2010 年 4 月总额为 200 亿英镑，以减税为核心的一揽子财政刺激计划，在计划期内，商品服务增值税税率由 17.5% 降低为 15%。同时从 2011 年起提高高收入人群的个人所得税，把年收入在 15 万英镑以上的个人所得税税率从 40% 上调到 45%，以此筹集经济计划所需资金等。

"双松"的政策搭配没有对居民消费产生较大的影响，但却阻止了英国经济的下滑，同时也带来了巨大的副作用，即财政赤字，这给英国的经济带来了较大的发展隐患。自 2010 年下半年开始，英国政府转变财政政策方向，大范围开展财政紧缩政策，宣布削减

1300亿美元的开支，提高退休年龄至66岁，四年内削减50万政府职位等，一系列措施的目标是将财政赤字占国内生产总值的比重控制在2%左右。2013年，英国政府将解决财政赤字作为首要问题，继续恪守紧缩性的财政政策，从根本上避免更加沉重的债务负担，英国首相卡梅伦认为此举的目的在于"妥善地帮助全国的家庭和企业"。与美国财政政策通过增支减税和发行国债等措施来管理有效需求相比，英国政府更加注重管理财政平衡，尽可能避免政府过度赤字侵害未来经济的发展。在这种"不明智"的紧缩性政策影响下，英国虽然短期内不能有效地刺激国内居民的消费需求，但这将给经济带来长期的稳定态势，使国内消费需求保持平稳发展。

在英国中央财政支出中，民生支出占据着绝大部分，有力地保障了居民的基本生活。以2009年为例，该年度英国中央政府各项重点支出所占比重分别为：社会保障支出33.87%，公共服务支出14.37%，教育支出12.02%，经济事务支出7.85%，卫生保健支出18.04%等。由图4-3可知，2006~2012年英国财政支出占国内生产总值的比重介于39%和48%之间，在2009年应对经济危机时达到最高值46.8%。英国财政支出占国内生产总值的比重在发达国家中处于中等水平，这也和英国政府谨慎的财政政策相对应。英国财政支出的变化趋势亦符合财政支出增长理论。

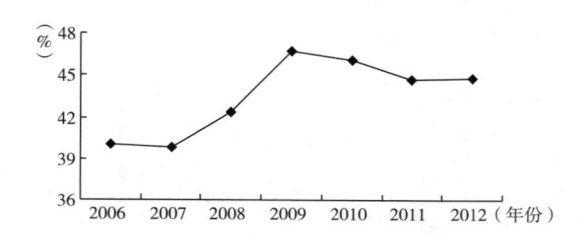

图4-3 英国财政支出占GDP的比重情况

数据来源：IMF，http：//www.imf.org/external/data.htm。

二 发展中国家财政支出促进居民消费的实践分析

（一）发展中国家的居民消费

在部分发展中国家，消费并不是对国内生产总值的贡献率最大的因素，这和大部分发达国家的发展模式有所不同。由表4-4可以看出，以菲律宾、马来西亚为代表的国家，主要是依靠投资带动国内生产总值增长；以俄罗斯为代表的发展中国家，主要依靠出口带动本国产出水平的提高；对中国、巴西和印度尼西亚等发展中国家来说，虽然消费对国内生产总值的贡献度较大，但是投资和出口仍然占据着较大的比重。由于投资、出口和消费三者具有此消彼长的关系，所以发展中国家的这些经济发展模式在很大程度上挤压了消费对于国内生产总值的贡献度和拉动作用。

表4-4 发展中国家投资、消费和出口对国内生产总值增长的贡献率

单位：%

国家	投资		消费		出口	
	2000	2011	2000	2011	2000	2011
中 国	22.4	48.8	65.1	55.5	12.5	-4.3
巴 西	—	64.0	—	94.4	—	-58.4
埃 及	—	30.0	—	47.4	—	22.5
俄罗斯	85.8	-911.1	36.2	-366.1	-22.0	1377.2
菲律宾	—	70.3	—	37.1	—	-7.4
泰 国	52.5	10.6	72.1	64.2	-24.6	25.3
印度尼西亚	46.9	32.9	20.3	40.8	32.7	26.3
巴基斯坦	—	35.4	—	127.1	—	-62.5
墨西哥	16.1	—	88.3	—	-4.4	—
马来西亚	195.8	99.1	158.6	49.5	-254.5	-48.6

数据来源：2013年《国际统计年鉴》和世界银行数据库。

和发达国家相比，发展中国家的居民最终消费支出总额和人均居民消费支出都处于较低水平。由表 4-5 可知，2011 年，表中列出的所有发展中国家的居民最终消费支出总额都低于中等收入国家的平均水平，甚至存在少部分发展中国家的居民最终消费支出总额低于低收入国家的情况，如埃及、泰国、菲律宾、巴基斯坦等；大部分发展中国家的居民人均最终消费支出低于中等收入国家的平均水平，包括中国、印度、菲律宾、印度尼西亚等。图 4-6 中，部分发展中国家的居民消费率也说明了发展中国家的居民消费支出较低的事实。

表 4-5　部分发展中国家的居民消费支出

国　家	居民最终消费支出（亿美元）*			居民人均最终消费支出（美元）△		
	2000	2005	2011	2000	2005	2011
高收入国家	161845	220142	264503	15418	16955	17269
中等收入国家	34493	52851	117478	780	924	1229
低收入国家	1308	1878	3609	202	228	255
中　国	5539	8866	25198	439	582	949
印　度	3079	4878	10354	292	357	509
巴　西	4148	5317	14942	2378	2453	3194
埃　及	757	642	1656	1120	1187	1369
俄罗斯	1200	3816	9082	820	1336	2421
菲律宾	585	773	1682	757	873	957
泰　国	689	1010	1909	1091	1342	1493
印度尼西亚	1017	1840	5260	477	545	673
巴基斯坦	557	843	1345	386	—	516
墨西哥	3895	5636	7171	3896	4267	4472

说明：* 指现价；△ 指 2000 年价格。
数据来源：2013 年《国际统计年鉴》和世界银行 WDI 数据库。

表4-6　部分发展中国家的居民消费率

单位：%

	1990	2000	2005	2009	2010	2011
中　　国	46.7	46.7	38.1	33.9	34.6	34.4
印　　度	64.6	64.8	57.6	57.3	56.5	58.0
巴　　西	59.3	64.4	60.3	61.1	59.6	60.3
埃　　及	72.6	75.9	71.6	76.1	74.7	75.8
俄 罗 斯	48.9	46.2	49.4	52.5	49.6	52.1
菲 律 宾	71.5	72.2	75.0	74.7	71.6	77.9
泰　　国	56.8	57.2	57.8	54.8	53.7	53.6
印度尼西亚	58.9	60.7	62.7	56.6	56.9	56.1
巴基斯坦	73.8	75.4	77.0	81.2	81.9	82.4
墨 西 哥	69.6	67.0	67.0	66.1	64.8	64.1

数据来源：2013年《国际统计年鉴》。

（二）发展中国家影响居民消费的财政支出政策分析

1. 俄罗斯影响居民消费的财政支出政策分析

俄罗斯经济多年来一直处于萧条和繁荣的循环之中，始终没有形成稳定的经济发展模式。进入21世纪以来，俄罗斯财税体制改革的总体目标是建立符合市场要求的、公平合理和稳定的财税体制。尽管俄罗斯在发展经济方面对进出口依赖较强，但是俄政府并未将政策重点放在扩大内需上。2008年，受全球经济危机的影响，俄罗斯也面临着消费不振、投资乏力、国民经济能源化倾向进一步加剧等问题。由于普京政府在财政政策方面坚持新自由主义的预算平衡思想，所以俄罗斯的财政政策力度较小，但相对于往年政策来说，也实施了适度扩张的财政政策和适度宽松的货币政策来提振居民消费信心，保证经济的平稳运行。

为了扩大内需，俄罗斯财政支出政策的重点主要包括：第一，突出社会公共职能，重点减少财政资金浪费。具体包括减少经济建设支出、缩减地区冗余的社会支出、降低行政管理支出比重，以及提高政府采购效益等。同时，加大社会性支出和军事支出的比重，建立良好安定的社会环境，保证市场经济环境的稳定。由此可见，俄罗斯财政支出结构的改革方向是向突出社会公共职能转化，使各级政府更好地提供公共服务，增强居民消费信心。第二，调整经济结构。尽管俄罗斯经济近年来得到一定的发展，但却仍然保留着苏联时期经济结构不合理的弊端，在经济运行方面对国际市场的依赖性较强，不仅出口成为拉动经济增长的主要因素，而且大量民用消费品、技术和高附加值产品都需要进口，这给俄罗斯经济运行带来了较大风险。所以俄罗斯近年来重点发展多元化经济，包括新兴技术、新兴产业、新型工业体系等，以扩大内需为重点，提高居民收入水平，改变自身在国际经济体系中的地位。另外，在税收政策方面，俄罗斯政府通过调整税率、降低税负、改革关税、缩减和取消税收优惠，以及完善以分税制为基础的分级财政体制等方式进行简化税制，降低居民的纳税负担，增加其可支配收入。经过财政政策和其他宏观调控政策的协调配合，俄罗斯实现了经济稳定增长、失业率下降和居民消费增长等。

2006年，俄罗斯中央政府各项重点支出所占比重分别为：社会保障支出31.13%，教育支出3.94%，卫生保健支出8.41%；2010年，俄罗斯中央政府各项重点支出所占比重分别为：社会保障支出37.71%，公共服务支出24.84%，教育支出2.97%，经济事务支出6.19%，卫生保健支出6.87%。可见在俄罗斯中央财政支出中，民生支出也始终占据着大部分比重，并且社会保障支出和卫生保健支出等基本保持较高的比例。由图4-4可知，2006~2012年俄罗斯财政支出占国内生产总值的比重介于30%和42%之间，在发展中国家中处于中等水平，其中，该项比重在2009年应对经济危机时达到最高值41.35%。俄罗斯公共支出同样呈现梯度增长态势。

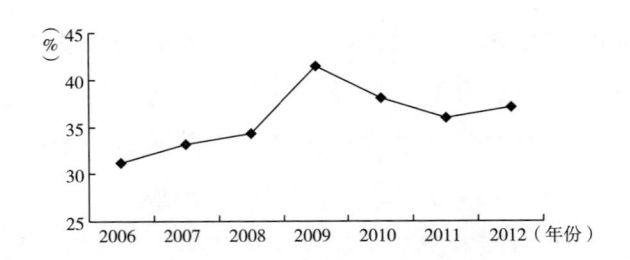

图 4-4　俄罗斯财政支出占 GDP 的比重

数据来源：IMF，http：//www.imf.org/external/data.htm。

2. 印度影响居民消费的财政支出政策分析

在财政支出政策方面，为了应对经济萧条，印度政府在 2008 年和 2009 年分别出台了资金额为 3070 亿卢比和 2 万亿卢比的财政刺激政策，包括追加财政支出、鼓励出口和投放基建项目等。另外，印度政府对农业和农民给予较多的财政补贴，合理调控农产品的市场价格，保证了国家粮食安全和农村居民的消费水平。另外，在税收政策方面，印度政府自 2007 年开始实施"包容性税收"改革，重点在于减轻低收入人群和小微企业在增值税、个人所得税和企业所得税方面的税收负担，对于平衡地区、行业之间的收入差距发挥了重要作用，从而在此基础上提振了国内居民的消费信心，有利于提高总需求水平。

但是，印度的经济刺激政策导致了赤字规模的扩大，经济面临着较大的下行压力。过大的财政赤字也给印度政府带来了较大的财政困难。根据印度财政政策对经济的调节情况可知，影响印度财政支出政策作用的症结主要表现在以下几个方面：其一，财政赤字较为严重。大量的财政补贴在刺激经济、增加居民消费的同时，也带来了较大的财政赤字，2008~2012 年，印度中央政府的财政赤字均在 6% 左右。较高的财政赤字不仅带来了财政性通货膨胀，而且导致投资成本上升，不利于经济的长远发展。其二，财政收支结构不合理。印度政府在利用扩张性的政策调节经济时，并未注重优化财政支出结构。高额的财政补贴使富人成为主要的受益者，不仅没有提高国内总需求水平，反而拉大了贫富差距。其三，国债依存度较高。赤字财政的后果之一是较高的国债依存度。近年来，印度的国债依存度一般保持在50%左右，远高于国际公认的警戒线20%。

2010年，印度公共服务支出所占比重为9.19%，财政补贴和其他转移性支出所占比重为21.73%。其中，教育支出所占比重为3.74%，卫生保健支出所占比重为1.72%。和其他国家相比，印度民生方面的各项支出所占比重都较低，严重制约了国内消费需求水平的提高。印度财政支出占国内生产总值的比重如图4-5所示，2006~2012年这一比重的范围为26%~30%，在发展中国家中处于偏下水平，且变化范围较小，这和20世纪90年代印度政府进行财政体制改革相关，财政体制改革后，中央政府财权减少，地方政府承担起本地区大部分公共产品。所以在提高居民消费水平时，地方政府必须提供良好基础设施来保证本地居民的生活质量，以及增加本地区居民的可支配收入等。

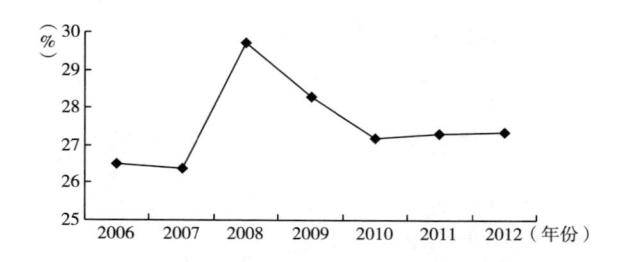

图4-5 印度财政支出占GDP的比重

数据来源：IMF，http://www.imf.org/external/data.htm。

3. 埃及影响居民消费的财政支出政策分析

虽然埃及的经济规模较小，但由于拥有重要能源和贸易通道之一的苏伊士运河，其在全球经济中所占的地位也举足轻重。近年来，埃及政局动荡，经济也开始崩盘，通货膨胀严重，失业率上升，其财政政策也随之受到影响。2011年，埃及政府试图通过扩大财政支出、增加财政补贴的方式平息骚乱，却导致财政状况进一步恶化。扩张性财政政策的出台不仅是为了应对经济危机，更是为了维护政局稳定。在政治和经济双重危机下，扩大居民消费需求是埃及政府无暇顾及的目标，但政府出台的相关财政措施也在一定程度上影响了居民消费。2013年，埃及政府开始转变财政政策风向，计划实施紧缩性财政政策，包括实施调整税率和削减能源计划等。政府同时以改善民生为目的设立了最低工资标准，并逐步减少高于11%的财政赤字，重点在于保护中低收入群体，避免过大的财政赤字给中低收入群体增加负担。虽然埃及政府不断削减能源补贴，但考虑到能源补贴对国民生活产生的影响，在其逐步取消的过程中，普通消费者是最后进行改革的群体。

2008年，埃及中央政府各项重点支出所占比重分别为：社会保障支出38.96%，教育支出11.01%，卫生保健支出4.3%。与其他国家相比，除社会保障支出外，埃及中央政府的公共服务支出、卫生保健支出和经济事务支出占财政总支出的比重较低，服务民生体系不健全。由图4-6可以看出，在经济危机的背景下，由于政局动荡，埃及的财政支出规模变化趋势和其他发达国家或者发展中国家存在着较大的差异，并不符合财政支出增长理论。由此可见，只有政局稳定，才会带来经济局势的稳定。

通过对比发达国家和发展中国家的财政政策，可以得知，各个国家所运用的财政支出政策和宏观经济发展目标相适应。其中，发达国家财政支出政策在运行过程中，更加重视对社会保险和福利民生等方面的支出，并旨在建立完善的社会保障体系来优化国民的基本生活。良好的社会保障体系在发达国家面临经济危机时充分发挥

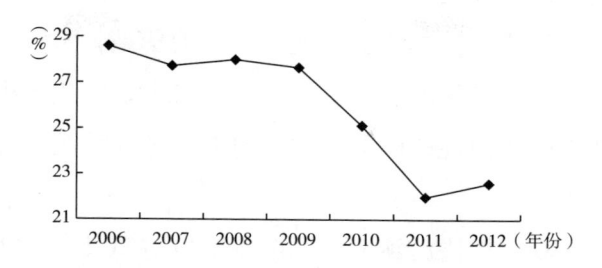

图 4-6　埃及财政支出占 GDP 的比重

数据来源：IMF，http：//www.imf.org/external/data.htm。

着自动稳定器的作用，阻止了居民消费的大幅下滑，及时地保证了发达国家的居民消费水平。而发展中国家更加重视宏观调控政策对经济的快速拉动作用，投资和出口在经济发展中发挥的作用较大，政府投资占社会总投资的比重普遍高于发达国家，这在很大程度上降低了消费占国民收入的比重，所以会较容易受到国际经济环境等外部因素的影响。同时，发展中国家的社会保险和福利开支比重较小，主要的财政支出项目是对居民基本消费需求的财政补贴，如食品消费补贴、城市公共交通补贴等。另外，发展中国家的基础设施不够完善，居民的消费环境较差，而在这方面政府投资将会发挥更大的作用，所以正确处理好投资和消费的关系成为发展中国家政府面临的棘手问题。

三　国外经验借鉴

（一）国外财政政策运行的反思

一般来说，西方国家和众多发展中国家的财政支出政策也以经济增长、充分就业、物价稳定和国际收支平衡等作为宏观调控目标。对于各国政府来说，财政支出政策的最终目标应该力求兼顾四者。从短期来看，四大政策目标的实现会时常发生顾此失彼的现象；从长期看，四大政策目标之间又是协调统一的，最终目的都是保证本国经济的稳定持续增长。促进居民消费是各国宏观调控的目标之一，其服务于各国的宏观调控。由此可见，财政支出政策在促进居民消费方面所出现的问题，同样可以从各项政策调控宏观经济过程中体现出来。

首先，宏观调控措施不一致。以美国应对20世纪30年代的大萧条为例，罗斯福政府并未充分利用财政政策的调控作用，在扩大财政支出的同时却没有采取减税措施，反而在很多方面采取增税，这不仅使增加支出的措施在很大程度上被增税措施所抵消，而且损害了纳税人的信心，使居民消费和投资活动处于较低水平。由此可见，在经济萧条较为严重的情况下，政府在出台宏观调控措施时，应保证目标的协调一致，避免政策目标相互冲突和政策效果相互抵消的现象。

其次，实施财政政策力度不当。在使用财政政策扩大内需、促进居民消费时，财政政策应该保持力度适中，既不能过小，也不能过大。财政政策力度过小达不到调控目的，而财政政策力度过大会导致国内赤字严重和预算严重失衡。在上述国家的财政政策实践中，一方面，以俄罗斯为代表的国家由于倾向于保持预算平衡，所以其实施的财政政策力度较小，在经济萧条和就业率下降的情况下，难以有效地刺激经济增长，从而也无法达到扩大内需和促进居民消费的目的；另一方面，以英国、印度为代表的国家在出台宏观调控措施时，采取了扩张性的财政政策和宽松的货币政策。"双松"的政策在维持经济发展的同时，也给政府带来了巨额财政赤字，给经济增长带来较大的压力。

再次，部分国家货币政策依附于财政部。部分国家中央银行依附于财政部，从而无法保证货币政策的独立性，使其受到多种目标的约束，多目标会产生冲突问题，并使决策复杂化。货币政策目标的不确定性会增强金融制度的脆弱性，并通过货币渠道和非货币渠道使经济萧条进一步恶化。宏观调控实践中既不能过分强调财政政策，也不能过分强调货币政策，而应该注重二者的协调配合。所以中央银行应保持一定的独立性，保证政府根据国内经济不同经济状况灵活决定财政政策和货币政策的选择，使二者在稳定经济时能够协调配合，实现经济平稳增长，抑制通货膨胀和通货紧缩。

最后，财政政策忽视经济的长远发展。近年来，大多数发展中国家为了促进经济发展，都投入了大量的资金从事经济社会建设，并通过税收和国债筹集了大量的财政资金，部分政府甚至会通过向国内外借款用以扩大本国投资，国家在这种情况下产生了严重的资金短缺问题。这对于居民来说，税收减少了纳税人的可支配收入，国债损害了纳税人的预期，削弱了纳税人的消费信心，对促进居民消费产生了不利影响。对于发展中国家来说，最重要的是通过内需来刺激经济增长，但是内需不仅仅包括投资，政府应同时注重消费对经济的拉动作用。为此，发展中国家的政府应更加注重转变经济发展方式，注重国家的长远发展。

（二）国外宏观调控的经验借鉴

1. 充分利用自动稳定器，提升居民消费能力

通过分析部分发达国家和发展中国家的财政支出构成和财政政策实践，可知各国都非常重视社会福利支出和税收在宏观调控中所发挥的重要作用。作为经济政策中的自动稳定器，社会福利支出和税收在提高居民可支配收入和促进居民消费方面发挥着重大作用。具体来说，各国完善自动稳定器的作用主要从以下几个方面入手。第一，调高最低工资标准，增加城乡人口可支配收入以扩大消费需求。最低工资是保证底层劳动人民生活的基本保障。由于低收入群体的边际消费倾向较低，所以提高最低工资标准会直接扩大国内消费需求。第二，出台各种农业保障政策。为了增加农村居民消费，各国政府制定了保障农场主收入的农业政策，如调节农产品支持价格、扩大农产品在国内外市场上的销售、调节农业过剩生产能力等，尽力增加农民的可支配收入。这些农业政策在调节农业生产规模和增加农场主收入的同时，对刺激国内农业消费需求和促进国际收支平衡也发挥了较大作用。第三，制定灵活的税收政策。2008年全球经济危机以来，减税是各国最常利用的政策工具，该政策可以直接提高居民消费能力，从而对提高居民消费水平发挥了显著的促进作用。

2. 完善相关配套政策，提高居民消费意愿

各国政府在提高居民消费能力的同时，也注重采取各种措施提高居民消费意愿。一方面，发展第三产业，促进消费结构升级。相对于第一产业和第二产业来说，第三产业可以吸纳更多的劳动力就业，更加有利于扩大内需，所以各国都非常重视第三产业的发展。西方国家第一产业和第二产业在整个国民生产总值中所占的比重相对较小，而第三产业在国民生产总值中所占的比重较大。另一方面，优化消费环境，促进消费增长。西方国家采取了多种措施保护消费环境，包括自然环境和社会环境，从而增强了居民消费效用，扩大了消费需求。具体措施包括完善环保税制，对工业企业在生产过程中排放的废气、废水等行为征税，对城市环境和居住环境造成污染的行为征税，对开采各种自然资源的行为征税等。同时，西方国家对某些有利于环保的行为或者环保设施实行税收减免、税收抵免、加速折旧等优惠措施，如美国对于综合利用资源所得给予减免所得税优惠等。

3. 宏观调控也注重微调，确保市场的决定性作用

不同国家的市场机制作用不同，西方国家强调市场和政府都能发挥作用的领域，尽量让市场去调节，市场无法发挥作用或者不能很好发挥作用的领域，才可以由政府介入。政府采取各种手段扩大

内需是经济自由和宏观调控同时存在的必然后果。在市场经济较发达的国家，全球经济危机使各国政府充分认识到了宏观调控的重要性和必要性，但是，各国政府更加重视市场在资源配置中发挥的决定性作用。为了尽量不干预经济运行，政府在出台各项措施时，都非常重视微调而不是大调，尽量避免侵害市场的正常运行。近十几年来，发达国家经济发展比较平稳，经济波动较小，在很大程度上得益于微调政策。西方国家并没有将促进居民消费作为宏观经济政策目标，而是通过多种手段，多管齐下，间接保证居民消费对经济增长的拉动作用。发达国家宏观经济政策定位，主要是提高居民福利水平和尽量完善社会保障体系，而这会间接地促进居民消费，从而使其成为拉动经济增长的主要因素。

4. 优化财政支出结构，注重供需调控双管齐下

通过对国外财政政策的分析可以看出，无论是经济危机发生之前，还是经济危机发生之后，西方发达国家的财政支出结构都未发生显著变化，社会福利支出在财政总支出中一直占据着较高的比重。与之相反，中国和其他部分发展中国家社会福利方面的支出比重明显低于西方发达国家，而用于经济建设方面的支出明显高于发达国家。这是由中国长期实行高度集中的经济体制所造成的，虽然改革开放后这一比重逐步下降，但是仍然处于较高的水平。在财政支出改革方面，西方国家在汲取了多次宏观调控的经验之后，近年来宏观调控的特点是总需求和总供给相结合。在政策措施方面，西方国家既没有过度倾向于调控总需求，也没有出台过度调控总供给的政策措施，而是将总需求和总供给调控同时作为政策调控的重点，防止政策过度倾斜给经济带来不良后果。而宏观调控效果也表明，需求和供给相结合的调控政策效果更加显著，并且有利于经济的稳定健康发展。

第五章 中国财政支出影响居民消费的实证研究

财政支出会对居民消费产生一定的影响,这已是国内外众多学者证明过的事实,但财政支出如何影响居民消费以及影响的程度值得我们深入研究。本章以 Hall (1978)、Ho (2001) 的理论模型为基础,基于宏观视角并结合中国的实际情况,分别以城乡、区域和经济周期三个角度为切入点,利用中国 1998~2012 年 31 个省份的面板数据和多种估计方法,详细分析财政支出总量及结构对居民消费产生的影响。

一 问题分析的基础

(一) 基本理论模型

本章以 Hall (1978)、Ho (2001) 的模型作为应用分析的理论框架。假定 t 时期的实际有效消费 C_t^* 可表示为:

$$C_t^* = C_t + \alpha G_t \tag{1}$$

其中 C_t 和 G_t 分别为 t 时期实际的人均居民消费和人均财政支出,实际有效消费即实际人均居民消费和人均财政支出之和,是指在消费能力之内并符合消费意愿的需求,是能够影响经济的真实消费需求。参数 α 为正(或负),表示财政支出与居民消费之间的替代（或互补）关系，即二者之间的挤出（挤入）关系。

设代表性个人的目标函数为最大化一生效用的预期值，即：

$$\text{Max } E_0[\sum_{t=1}^{\infty}\beta^t U(C_t^*)] \quad (2)$$

$$s.t \quad A_{t+1} = A_t + Y_t - C_t^* - (1-\alpha)G_t(1+r) \quad (3)$$

其中，效用函数 $U(\ )$ 为凹函数，$U' > 0$ 且 $U'' < 0$，E_t 为基于 t 时期信息的期望算子，β 为折现因子，A_t 为 t 时期开始个人所拥有的实际金融资产减去政府的实际债务，Y_t 为 t 时期的劳动收入，r 为实际利率。式（2）和式（3）结合为式（4），并且对式（4）求一阶导数可得：

$$E_0[\sum_{t=1}^{\infty}\beta^t U(C_t^*) + \lambda_t\{A_{t+1} - (1+r)[A_t + Y_t - C_t^* - (1-\alpha)G_t]\}] \quad (4)$$

$$U'(C_t^*) = \lambda_t \quad (5)$$

$$E_0[\beta(1+r)\lambda_{t+1}] = \lambda_t, (t=1,2\cdots) \quad (6)$$

式（5）和式（6）联合，得欧拉方程为：

$$E_0[\beta(1+r)(\partial U_{t+1}/\partial U_t)] = 1 \quad (7)$$

假设各期边际效用没有发生明显的变化，则式（7）可以化为：

$$E_0 C_{t+1}^* = [\beta(1+r)]^\sigma C_t^* = \gamma C_t^* \quad (8)$$

其中，$\sigma = -U'(C^*)/\{C^* U''(C^*)\}$ 为跨期替代弹性。

从而，式（8）可以继续化为：

$$C_{t+1}^* = \gamma C_t^* + v_t \quad (9)$$

其中，$v_t \sim i.i.d$。

由式（1）和式（9）得：

$$C_t + \alpha G_t = \gamma(C_{t-1} + \alpha G_{t-1}) + v_t \quad (10)$$

即：

$$C_t - \gamma C_{t-1} = -\alpha(G_t - G_{t-1}) + v_t \quad v_t \sim i.i.d \quad (11)$$

当 C_t 和 G_t 均为一阶差分平稳序列 [$I(1)$ 过程] 时，它们之间可能存在着以 $(1,\alpha)$ 为协整向量的协整关系。因此，依据 Ho (2001a，2001b) 的推导分析，我们可把两者的长期关系式表述如下：

$$C_t = \alpha_0 + \alpha_1 G_t + v_t \quad (12)$$

式 (12) 展示了居民消费和财政支出之间的线性关系。在理论模型的研究中，部分学者如 Campbell and Mankiw (1990) 为了避免财政支出和居民消费之间的埃奇沃思互补性对效用函数标准假定的违背，将式 (1) 所示的线性函数修正为非线性形式：$C_t^* = C_t^\alpha G_t^{1-\alpha}$，从而得出居民消费和财政支出之间的非线性关系式，将非线性形式取对数转化为线性形式。此关系式是财政支出和居民消费关系的基本模型，也是本书实证分析的基本理论依据。在后文的分析中，笔者将通过加入相关控制变量对上述基本模型进行拓展，逐步分析本书所要研究的问题。

(二) 计量方法介绍

本章所采用的方法是动态面板广义矩法 (GMM)，所用数据为中国 1998~2012 年的省际面板数据。本章分别从城乡、区域和经济周期三个角度对政府财政支出影响居民消费的经验事实进行了研究。另外，本章的数据具有时间跨度 (T = 15) 小于截面数 (N = 31) 的特点。根据 Roodman (2006) 的观点，在这种情况下采取动态面板数据处理技术是一个非常合理的选择。一般的动态面板模型为：

$$y_{it} = \alpha + \rho y_{i,t-1} + x_{it}'\beta + z_i'\delta + u_i + \varepsilon_{it} \quad (t = 2,\cdots,T)$$

但是，$\Delta y_{i,t-1} = y_{i,t-1} - y_{i,t-2}$ 仍然和 $\Delta \varepsilon_{it} = \varepsilon_{it} - \varepsilon_{i,t-1}$ 相关。因此，$\Delta y_{i,t-1}$ 为内生变量，需要找到适当的工具变量才能进行一致估计。为此，Arellano and Bond（1991）提出对模型公式进行一阶差分，以去除固定效应的影响，然后使用一组滞后的解释变量作为差分方程中相应变量的工具变量，进行 GMM 估计。这就是"Arellano-Bond 估计量"，也被称为"差分 GMM"（DIF-GMM）。但是，Blundell and Bond（1998）指出差分 GMM 可能存在着由于工具变量过多而出现弱工具变量等问题，从而使其估计量较易受到弱工具变量的影响而产生向下的大的有限样本偏差。为解决差分 GMM 中出现的问题，Arellano and Bover（1995）重新回到差分前的水平方程，并使用 $\{\Delta y_{i,t-1}, y_{i,t-2}, \cdots\}$ 作为 $y_{i,t-1}$ 的工具变量对水平方程进行 GMM 估计。这被称为"水平 GMM"。Blundell and Bond（1998）则将差分 GMM 与水平 GMM 结合在一起组成一个系统进行 GMM 估计，同时增加一组滞后的差分变量作为水平方程的工具变量，称为"系统 GMM"（SYS-GMM）。在有限样本下，系统 GMM 估计比一阶差分 GMM 估计更加有效，但是这种有效性的前提是系统 GMM 较差分 GMM 所增加的工具变量是合理有效的。系统 GMM 的优点是可以提高估计的效率，并且可以估计不随时间而变化的变量 z_i 的系数。但是系统 GMM 的缺点是必须假定 $\{\Delta y_{i,t-1}, y_{i,t-2}, \cdots\}$ 与 u_i 无关；如果这个条件无法满足，则不能使用系统 GMM。

GMM 估计量（DIF-GMM 和 SYS-GMM）的一致性关键取决于各项假设条件是否满足。这需要进行两个检验：第一个是通过 Sargan 过度识别约束检验对所使用的工具变量的有效性进行检验，此检验的原假设是所使用的工具变量与误差项是不相关的；第二个是通过 Arellano-Bond 的自相关检验方法对差分方程的随机误差项的二阶序列相关进行检验，其原假设是一阶差分方程的随机误差项中不存在二阶序列相关。如果不能拒绝上述检验的原假设，则意味着工具变量有效和模型设定正确。对于 GMM 估计结果是否有效可行，Bond et al. （2002） 给出了一种简单的检验方法，即如果 GMM 估计值介于固定效应估计值和混合 OLS 估计值之间，则 GMM 估计是可靠有效的。

另外，本书使用的省际宏观经济数据，虽然难以细致地说明财政支出对单个消费者的影响，并且无法刻画消费者的具体行为，但是宏观数据却可以避免数据统计误差并控制与各省份相关的特定问题的影响，可以反映各个地区消费者的消费行为方面的差异，从而可以在数据误差和各省份消费者具体行为之间取得较好的平衡。而且本书使用的动态面板 GMM 模型具有如下优点：其一，受消费习惯的影响，居民消费具有较大的惯性，面对收入波动的时候，消费者会平滑他们的消费水平，动态面板能够恰好识别这种惰性；其二，居民消费和各项财政支出之间可能是同时决定的，这会产生解释变量的内生性问题，而动态面板 GMM 估计能够有效地控制反向因果内生性问题；其三，GMM 估计在使用差分转换数据时，可以克服遗漏变量问题等。

二 财政支出对城乡居民消费的影响

（一）财政政策的城乡差异

地理位置和资源的不同导致了经济发展程度不同。相比于农村来说，城市享有更加快速的发展机会和更有利的发展环境，从而可以为居民提供更好的公共产品和更加便利的消费环境。当前中国城乡经济发展水平、城乡居民可支配收入以及居民消费水平出现了越来越大的差距，市场无法做到平均分配资源和缩小城乡差距。这种市场缺陷的存在为政府决策代替市场决策提供了理论依据和现实基础。中国政府历来十分重视农村的发展，2014 年中央一号文件

《关于全面深化农村改革　加快推进农业现代化的若干意见》全面定调了 2014 年及今后一个时期的农业、农村工作，重点在于消除城乡二元结构体制的弊端，健全城乡一体化发展机制，争取赋予农民更多的财产权利。该文件也是中央一号文件连续第十一年聚焦"三农"。① 由此可以看出，尽管城乡在发展水平、公共产品提供，以及资源利用方面存在较大的差距，但中国的经济政策始终将振兴农业和增加农村居民的可支配收入放在经济发展的重要位置。

在财政政策方面，中国政府出台了较多促进农村发展的财政措施。对于城镇来说，财政政策的重点是完善社会保障体系和公共基础设施；对于农村来说，财政政策在力求完善农村基础设施的同时，重点是提高农村居民可支配收入和刺激农村居民消费需求。2007 年开始，中国政府对山东、河南和四川进行了财政补贴家电下乡产品试点，对彩电、电冰箱、洗衣机三类产品给予销售价格 13% 的财政补贴，以达到激活农民购买能力、拉动农村消费、帮助农民改善生活质量，同时促进家电行业健康发展的目的。2009 年 2 月起，政府向全国推广家电下乡，并新增了摩托车、电脑、热水器和空调等家电种类。同年 3 月，财政部联合其他国家机关发布了《汽车摩托车下乡实施方案》。2010 年 3 月，财政部和商务部印发了《新增家电下乡补贴品种实施方案》。针对城乡居民的财政政策也起到了较好的效果。政府强农惠农政策项目不断增多，表现在大幅增加涉农补贴的资金规模，大幅提高主要粮食品种的最低收购价格，采取多项措施支持返乡农民工自主创业，争取一切途径增加农村居民可支配收入。政府也出台了促进城乡居民消费的优惠政策，如汽车、家电以旧换新，节能产品惠民工程，车辆购置税优惠政

---

① 《中央一号文件发布，连续 11 年聚焦"三农"》，中国新闻网，http://www.ce.cn/xwzx/gnsz/gdxw/201401/20/t20140120_2160875.shtml。

策，住房购置优惠政策，等等。另外，严格实施最低工资制度，推进事业单位绩效工资改革，努力提高城镇中低收入群体的收入水平，并着力于提高城乡低保补助水平，以及部分优抚对象抚恤和生活补助标准。

（二）计量模型设定

为了保持一致，本书所有数据都采用人均值的对数形式。无法从统计年鉴上直接找到的人均值数据，则利用年度数据除以各地区年末常住人口数的方法计算得出。根据本书模型的要求，在估计方程中需要考虑的变量主要包括：人均国民消费、人均城镇居民消费、人均农村居民消费、人均财政支出、人均经济建设支出、人均科教文卫支出、人均社会保障支出、人均行政管理支出、居民可支配收入、城市化率、开放程度等。

在式（12）的基础上，通过进行分解核心解释变量、增加控制变量、加入常数项等一系列调整，本节估计模型最终设定为：

$$\begin{aligned} con\_p_{it} = &\beta_0 + \beta_1 con\_p_{it-1} + \beta_2 exp\_e_{it} + \beta_3 exp\_e_{it-1} + \\ & \beta_4 exp\_t_{it} + \beta_5 exp\_t_{it-1} + \beta_6 exp\_s_{it} + \beta_7 exp\_s_{it-1} + \\ & \beta_8 exp\_a_{it} + \beta_9 exp\_a_{it-1} + \beta_{10} y_{it} + \beta_{11} urbanlv_{it} + \\ & \beta_{12} open_{it} + u_i + \varepsilon_{it} \end{aligned}$$

其中，i 和 t 分别表示省份和年份，con_p 表示人均居民消费的对数值；exp_e、exp_t、exp_s 和 exp_a 分别表示人均经济建设支出、人均科教文卫支出、人均社会保障支出和人均行政管理支出的对数值。一般认为，财政支出具有一定的滞后性，同时又具有时效性，结合 Hall（1978）、Aschauer（1985）、Graham（1993）、Karras（1994）以及 Blanchard and Perotti（2002）的研究经验，模型在解释变量中加入了被解释变量的滞后期和解释变量的滞后期，滞后期数为 1 期。同时，加入了居民可支配收入 y、城市化率

$urbanlv$ 和开放程度 $open$ 等控制变量，以对问题进行详细的分析。其中，居民可支配收入是在城镇居民平均每人可支配收入和农村居民家庭平均每人纯收入两项数据的基础上，结合年末城镇人口比重加权得出；城市化率是由各个地区年末城镇人口数占年末总人口的比重得出；开放程度是由地区进出口总额除以地区生产总值得出；u_i 是个体异质项，通常是由某省份没有观测到的因素所引起的；ε_{it} 是随机误差项。本书研究区间选择了恰好覆盖两次经济危机的1998～2012年，数据主要来源于《中国统计年鉴》、《中国财政年鉴》和《新中国六十年统计资料汇编》等。另外，本书选择以2000年为基期，通过居民消费价格指数（CPI）对模型所用数据进行了修正。

本节模型不同于前人研究的地方在于三点。其一，模型不仅对1998～2012年财政支出影响居民消费情况进行了总体层面的分析，而且考虑到了2007年政府收支分类科目改革的影响，对改革前后财政支出所产生的影响分别进行了实证分析。受政府收支分类科目改革的影响，财政支出按照职能划分的项目存在着一定的差异。本书模型将这一政策因素纳入在内，并比较政府收支分类科目变化前后财政支出对居民消费的影响差异。其二，在当前城市化的大趋势下，本书加入了城市化率这一控制变量，分析该变量对居民消费所产生的影响，以便根据分析结果调整财政支出的作用方向，控制财政支出通过推进城市化对居民消费所产生的间接影响。其三，本书加入了居民可支配收入、开放程度等影响居民消费的其他控制变量，争取对所研究的问题进行完整的分析。

国际上关于财政支出的分类有两种：一是按照财政支出的经济特征分类，主要划分为经常性支出和资本性支出；二是按照财政支出的目的进行分类，主要划分为社会性服务支出、经济性服务支出、一般性服务支出和其他支出等。中国的政府财政支出，按照职能可以划分为经济建设支出、科教文卫支出、社会保障支出、行政管理支出和其他支出五大类；按照经济性质，可以分为购买性支出和转移性支出；按照具体用途，可以分为基本建设支出、科技三项费用、农业支出、林业支出、教育事业费、科学事业费、卫生经费、社会保障补助支出、国防支出、行政管理费等；按照功能，可以分为一般公共服务支出、外交支出、公共安全支出、环境保护支出、文体广播支出、交通运输支出、农林水事务支出等。其他的分类方法包括按照部门分类、按照预算编制方法分类，以及按照预算管理体制分类等。由于2007年政府收支分类科目的变化，本书结合各项财政支出的性质，并考虑归纳政府收支分类科目变化对财政支出分类的影响，对2007年前后的财政支出分别进行归类，具体分为经济建设支出、科教文卫支出、社会保障支出和行政管理支出四类。中国财政支出按职能划分情况分别如表5-1和图5-1所示。模型主要变量的描述性统计如表5-2所示。

表5-1　中国财政支出按职能划分情况

项目	2007年之前	2007年（含）之后
经济建设支出	基本建设、企业挖掘改造资金、地质勘探费、科技三项费用、流动资金、农业支出、林业支出、农林水利气象等部门事业费、工业交通等部门事业费、流通部门事业费、城市维护费、支援不发达地区支出、海域开发建设和场地使用费支出、车辆税费支出、债务利息支出	节能保护、城乡社区事务、农林水事务、交通运输、资源勘探、电力信息等事务、商业服务业等事务、金融监管等事务支出、地震灾后重建支出、国土资源气象等事务、粮油物资储备管理事务、国债还本付息支出
科教文卫支出	文体广播事业费、教育事业费、科学事业费、卫生经费	教育、科学技术、文化体育与传媒、医疗卫生
社会保障支出	抚恤和社会福利救济费、行政事业单位离退休经费、社会保障补助支出、政策性补贴支出	社会保障和就业、住房保障支出

续表

项目	2007 年之前	2007 年（含）之后
行政管理支出	国防支出、行政管理费、外交外事支出、武装警察部队支出、公检法司支出、税务等部门的事业费	一般公共服务、外交、国防、公共安全

说明：在上述分类中，2007 年之前不包括专项支出和其他支出，2007 年（含）之后不包括其他支出。

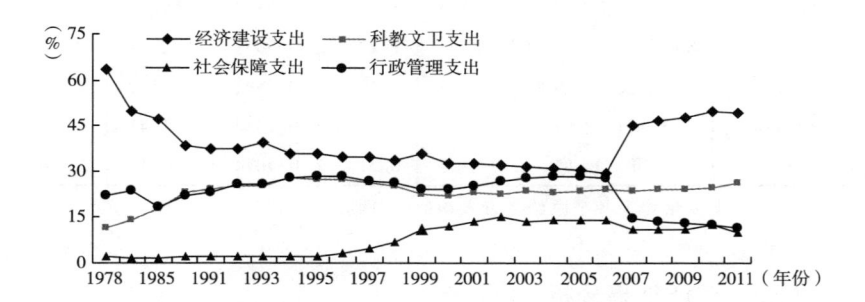

图 5 - 1　中国各项财政支出占国家财政总支出的比重

说明：财政总支出不包括政策性补贴支出。该项支出在 1985 年之前冲减财政收入，1985~2006 年作为支出项目列在财政支出项目中。2007 年政府收支分类科目改革后，该项目进行了重新整改，故此部分收入不计算在内。

表 5 - 2　主要变量的描述性统计

变量名称	变量定义	观测数	均值	标准差	最小值	最大值
con_p	人均居民消费	465	8.5516	0.6573	7.3002	10.4879
con_p (-1)	con_p 的滞后期	434	8.4869	0.6237	7.3002	10.4153
con_r	农村居民人均消费	465	7.9846	0.5908	6.8137	9.7983
con_r (-1)	con_r 的滞后期	434	7.9243	0.5562	6.8137	9.7243
con_u	城镇居民人均消费	465	9.0734	0.5306	7.1180	10.5459
con_u (-1)	con_u 的滞后期	434	9.0196	0.5036	7.1180	10.5403
exp_e	经济建设支出	465	6.6099	1.0855	4.2556	9.3854
exp_e (-1)	exp_e 的滞后期	434	6.5026	1.0357	4.2556	9.1692

续表

变量名称	变量定义	观测数	均值	标准差	最小值	最大值
exp_t	科教文卫支出	465	6.3205	0.9968	3.8098	8.6548
exp_t（-1）	exp_t 的滞后期	434	6.2126	0.9393	3.8098	8.4690
exp_s	社会保障支出	465	5.8074	0.9644	3.3613	8.4071
exp_s（-1）	exp_s 的滞后期	434	5.7072	0.9111	3.3613	8.4071
exp_a	行政管理支出	465	6.1217	0.9003	3.8000	8.8210
exp_a（-1）	exp_a 的滞后期	434	6.0394	0.8695	3.8000	8.4571
total_y	居民可支配收入	465	8.7568	0.6153	6.9238	10.5120
urban_y	城镇居民可支配收入	465	9.2234	0.5059	8.2671	10.5734
rural_y	农村居民可支配收入	465	8.1529	0.5591	7.1150	9.7593
urbanlv	城市化率	465	0.4496	0.1482	0.1741	0.8930
open	开放程度	465	0.3133	0.4074	0.0316	1.7497

说明：以上变量均为各个原始变量人均值的对数。

（三）实证结果分析

本书以 2007 年为分界点进行实证分析。财政支出对居民消费的影响见表 5-3，表中列示了差分 GMM（DIF GMM）估计量以及系统 GMM（SYS GMM）估计量，并给出工具变量过度识别检验统计量（Sargan Test），以及一阶差分方程误差项自相关的检验统计量 [AR（1）和 AR（2）] 等。

表 5-3　分段时间内财政支出对居民消费的影响

	2007 年之前		2007 年（含）之后	
	DIF GMM	SYS GMM	DIF GMM	SYS GMM
con_p_{it-1}	0.5807*** （0.0521）	0.6367*** （0.0700）	-0.1111 （0.1381）	-0.0324 （0.1070）
exp_e_{it}	-0.0187 （0.0454）	0.0635 （0.0664）	0.0187 （0.0295）	0.0507 （0.0449）
exp_e_{it-1}	0.0461 （0.0436）	-0.0289 （0.0287）	0.0823*** （0.0301）	0.0504* （0.0299）

续表

	2007 年之前		2007 年（含）之后	
	DIF GMM	SYS GMM	DIF GMM	SYS GMM
exp_t_{it}	0.1485 (0.0643)	0.1366 (0.1261)	0.0990 (0.0677)	0.1982*** (0.0468)
exp_t_{it-1}	-0.1168* (0.0643)	-0.0825 (0.0926)	0.0971** (0.0422)	-0.0615 (0.0557)
exp_s_{it}	-0.0398 (0.1098)	0.0929 (0.0886)	-0.0122 (0.0152)	-0.0184 (0.0291)
exp_s_{it-1}	-0.1146** (0.0573)	0.0385 (0.0458)	0.0531** (0.0269)	0.0302 (0.0188)
exp_a_{it}	0.1481 (0.1010)	-0.1045 (0.1101)	-0.1107 (0.0739)	-0.1728*** (0.0617)
exp_a_{it-1}	0.0500 (0.0636)	-0.0744 (0.0581)	-0.2797*** (0.0670)	-0.0941 (0.0633)
total_y	0.3656*** (0.1067)	0.3984*** (0.1274)	0.9016*** (0.2953)	0.8832*** (0.1031)
urbanlv	-0.3145 (0.3146)	-0.3170 (0.1938)	0.1055 (0.2182)	0.0822 (0.1812)
open	0.0965* (0.0498)	0.0871*** (0.0301)	0.0607 (0.0384)	0.1408*** (0.0249)
_cons	-0.1404 (0.6134)	-0.4430 (0.4859)	1.9298** (0.8728)	1.1159** (0.5256)
AR（1）	[0.0007]	[0.0017]	[0.7037]	[0.5086]
AR（2）	[0.9601]	[0.6242]	[0.0538]	[0.2552]
Sargan 检验	[1.0000]	[1.0000]	[0.6448]	[0.9997]
N	217	248	124	155

说明：①***、**、*分别表示在1%、5%和10%的显著性水平下显著；②"（）"内的数据为标准误，"[ ]"内的数据为 p 值；③AR（2）代表了 Arellano-Bond 的检验统计量，用于考察一次差分残差序列是否存在二阶自相关，原假设为不存在自相关；④Sargan统计量用来检验矩条件是否存在过度识别。

根据表 5-3，分段时间内财政支出对居民消费的影响具体分析如下。

2007 年之前，各项当期财政支出对居民消费所产生的影响都不显著，仅有 DIF GMM 所报告的少部分财政支出项目对居民消费产生了显著的影响，具体指滞后期的科教文卫支出和社会保障支出对居民消费产生了挤出效应。产生这一现象的原因大致如下。第一，为了应对 1998 年亚洲金融危机，保证经济的增长速度，政府将大量的财政支出用于经济建设。投资、消费和出口作为拉动经济增长的三驾马车，具有此消彼长的作用，在各级地方政府追求政绩的情况下，出现了大量的重复建设和产能过剩现象，也由此相对降低了对居民消费的重视程度。第二，中国政府在科教文卫方面的投资缺失情况较为严重。长期以来，中国存在着居民上学难、看病贵等问题，这些成为制约居民消费需求的重要因素之一。政府在科教文卫方面的投入会保障居民的基本生活，增强居民消费信心和提高居民消费能力。第三，中国社会保障体系总体上建设不完善，社会保障支出并未很好地发挥保障人民生活的作用。无论是社会保障支出的总额，还是社会保障支出在财政支出中所占的比重，都没有很好地发挥保障居民生活水平的作用。另外，在社会保障支出的覆盖面上，对社会就业没有给予较大力度的支持，使得近年来社会整体就业水平偏低，从而不能显著地促进居民消费水平的提高。

2007 年之后，各项财政支出对居民消费影响的显著性较 2007 年之前有所加强。第一，在经济建设支出方面，由于经济建设支出发挥作用需要一定的时滞，所以当期经济建设支出对居民消费的影响并不显著；时滞过后，滞后期的经济建设支出对居民消费产生了明显的积极影响，显著性水平达到 1%。第二，在科教文卫支出方面，也对居民消费产生了较为显著的积极影响，在 DIF GMM（滞后期显著）和 SYS GMM（当期显著）两种估计方法下，显著性水平都达到了 5%。这显示了中国居民在科教文卫方面的潜在需求。第三，在社会保障支出方面，当期的社会保障支出并未对居民消费产生显著的影响，只有滞后期的社会保障支出在 DIF GMM 估计方法下对居民消费产生的正向影响较为显著。第四，在行政管理支出方面，DIF GMM（滞后期显著）和 SYS GMM（当期显著）两种估计方法下的行政管理支出，都对居民消费产生了显著的负面影响，显著性水平达到了 1%。这也凸显了当前中国经济发展中存在的部分问题。作为维持国家机器正常运转的必要条件，适度和高效的行政管理支出会推动并保持经济的稳定发展，给居民提供优质的公共服务，优化居民消费环境，从而提高居民消费水平，但过高的行政管理支出会浪费财政资金，从而挤占居民的基本利益，不利于居民消费水平的提高。

无论是 2007 年之前，还是 2007 年（含）之后，人均可支配收入、城市化率和开放程度三项指标对居民消费产生了相同的影响。其中，人均居民可支配收入对居民消费产生了显著的正向作用，说明可支配收入是提高居民消费的重要保证，政府不仅可以通过财政支出项目直接影响居民消费，而且可以通过财政支出影响人均可支配收入，从而间接地调节居民消费。城市化率没有对居民消费产生显著的影响，表示非农人口比重的提高和城市化进程的加快并不意味着居民消费水平的提高。这要求政府在扩大内需的过程中，通过提高居民可支配收入和完善社会保障等措施拉动居民消费。城市化是国家长远的社会发展目标，而不是短期的经济发展手段。开放程度对居民消费产生了较为显著的影响，说明提高地区间进出口总额占地区生产总值的比重也可以显著地促进居民消费。由此可知，政府可以利用财政补贴、降低税率等方式，拉动本地区进出口总额的增长，从而间接地带动居民消费。这同时也要求政府正确处理好消费、出口和投资的关系，充分发挥好三者在拉动经济增长过程中的协调配合作用。

在表 5-3 的回归分析结果中，2007 年之前，DIF GMM 和 SYS GMM 所汇报的 Sargan 检验的 p 值都为 1.0000，表示 DIF GMM 和 SYS GMM 估计无法拒绝 GMM 工具变量有效的原假设，即工具变量与随机误差项不相关或者误差项并不存在异方差，GMM 工具变量是有效的。2007 年之后，DIF GMM 和 SYS GMM 所汇报的 Sargan 检验的 p 值分别为 0.6448 和 0.9997，同样证明 GMM 工具变量是有效的。

在分析了政府各项财政支出对社会总体居民消费的影响之后，本书将进一步研究财政支出对城镇居民消费和农村居民消费分别所产生的影响。具体分析如表 5-4 所示。

表 5-4 财政支出对城镇居民消费和农村居民消费的影响

	2007 年之前		2007 年（含）之后	
	城镇居民消费	农村居民消费	城镇居民消费	农村居民消费
con_p_{it-1}	-0.0335 (0.0363)	-0.0516 (0.0529)	0.1952*** (0.0557)	0.2947** (0.1453)
exp_e_{it}	-0.1756 (0.1186)	-0.0550 (0.0655)	0.0353 (0.0544)	0.0621 (0.0720)
exp_e_{it-1}	0.3619** (0.1610)	0.2665** (0.1143)	0.0874** (0.0395)	0.0480* (0.0264)
exp_t_{it}	-0.2774 (0.2927)	0.6994** (0.3423)	0.0707 (0.0697)	0.3962*** (0.0810)
exp_t_{it-1}	-0.2026* (0.1229)	-0.3246** (0.1549)	-0.1959*** (0.0566)	-0.0546 (0.1196)
exp_s_{it}	-0.0643 (0.1775)	-0.1100 (0.2407)	0.0424 (0.0360)	-0.0681** (0.0303)

续表

	2007 年之前		2007 年（含）之后	
	城镇居民消费	农村居民消费	城镇居民消费	农村居民消费
exp_s_{it-1}	0.5432*** (0.1656)	-0.4096*** (0.1004)	0.0040 (0.0346)	0.0823*** (0.0181)
exp_a_{it}	0.9930*** (0.1963)	-0.9858*** (0.2159)	-0.0685 (0.1002)	-0.0304 (0.0978)
exp_a_{it-1}	-1.1234*** (0.2470)	0.8010*** (0.1861)	-0.0586 (0.0845)	-0.4164*** (0.1386)
y	0.8032*** (0.2658)	1.1441*** (0.1787)	0.9091*** (0.0757)	0.3466*** (0.1336)
urbanlv	-0.0153 (0.1922)	0.0489 (0.1062)	-0.7134*** (0.1318)	0.7508*** (0.1585)
open	0.5408*** (0.1109)	0.3070** (0.1226)	0.2857*** (0.0502)	0.0767 (0.0581)
_cons	1.4600 (1.5796)	-0.5510 (0.7002)	-0.3249 (0.4993)	2.2655*** (0.4996)
AR (1)	[0.0138]	[0.0605]	[0.0305]	[0.1375]
AR (2)	[0.2773]	[0.7105]	[0.4036]	[0.4947]
Sargan 检验	[1.0000]	[1.0000]	[0.9572]	[0.9896]
N	248	248	155	155

说明：①本表由 stata11.0 得出，使用的方法是二步系统广义矩估计（two-step SYS GMM）；②***、**和*分别表示通过1%、5%和10%的显著性水平；③"（）"内的数据为标准误，"[ ]"内的数据为p值；④Sargan 统计量用来检验矩条件是否存在过度识别；⑤AR（2）代表了 Arellano – Bond 的检验统计量，用于考察一次差分残差序列是否存在二阶自相关，原假设为不存在自相关。

除居民可支配收入对城镇和农村居民消费都产生了积极影响以外，根据表5-4可知，1998~2006年的情况大致如下：在城镇居民消费方面，当期的经济建设支出、科教文卫支出和社会保障支出都没有对居民消费产生显著影响；滞后期的经济建设支出对居民消费产生了正向影响，滞后期的科教文卫支出对居民消费产生了消极影响，滞后期的社会保障支出对居民消费产生了显著的积极影响，显著性水平达到1%；当期的行政管理支出对居民消费产生了积极的影响，但滞后期的行政管理支出却对居民消费产生了消极影响。

1998~2006年，在农村居民消费方面，当期经济建设支出对居民消费的影响并不显著，滞后期的经济建设支出对居民消费产生了显著的积极影响；当期科教文卫支出对居民消费产生了积极影响，滞后期的科教文卫支出对居民消费产生了消极影响；当期的社会保障支出对居民消费产生的影响并不显著，滞后期的社会保障支出对居民消费产生了消极影响；当期的行政管理支出对居民消费产生了消极影响，但滞后期的行政管理支出对居民消费产生了积极影响。除此之外，城市化率对城镇和农村居民消费产生的影响并不显著，但开放程度却对城镇和农村居民消费产生了显著的积极影响。

2007年之后，各项指标对城镇和农村居民消费的影响情况与1998~2006年有所不同。在城镇居民消费方面，当期的经济建设支出对居民消费产生的影响并不显著，滞后期的经济建设支出对居民消费产生了较为显著的积极影响；当期的科教文卫支出对居民消费产生的影响并不显著，但滞后期的科教文卫支出对居民消费产生了较为显著的消极影响；无论是当期还是滞后期，社会保障支出和行政管理支出都未对居民消费产生显著的影响。与2007年之前有所区别的是，城市化并不能带动城镇居民消费。开放程度对城镇居民消费产生了显著的积极影响。

2007年之后，在农村居民消费方面，当期和滞后期的经济建设支出对居民消费产生的影响和城镇居民相同，即只有滞后期的经济建设支出对居民消费产生了较为显著的积极影响；当期的科教文卫支出对居民消费产生了显著的积极影响，但是滞后期的科教文卫支出对居民消费产生的影响并不显著；当期的社会保障支出对居民消费产生了消极影响，滞后期的社会保障支出对居民消费产生了积极影响；当期的行政管理支出并不影响居民消费，滞后期的行政管理支出对居民消费产生了显著的消极影响。另外，城市化率对农村居民消费产生了显著的积极影响，但开放程度对农村居民消费产生的影响并不显著。

另外，2007年之后，由于居民消费的惯性作用，无论是对于城镇居民，还是对于农村居民，居民消费的滞后项对基期消费都产生了高度显著的影响。但在2007年之前，居民消费的惯性性质并不明显。

通过分析各项政府财政支出对城镇居民消费和农村居民消费的影响，结合中国近年来的实际发展情况，可知上述结果得到了合理的解释。在经济建设支出方面，无论是2007年之前，还是2007年之后，滞后期的经济建设支出对中国城镇居民消费和农村居民消费都产生了显著的积极影响。这说明多年来经济建设支出一直是推动中国经济发展和提高居民可支配收入的重要力量，并间接地保障了居民消费。

在科教文卫支出方面，2007年之前，科教文卫支出对居民消费的影响较不稳定，说明了政府增加科教文卫支出可以消除部分居民消费的后顾之忧，在一定程度上促进农村居民消费水平的提高，但城乡居民对政府推动科教文卫发展的信心不足，政府在科教文卫方面的投入成效较不显著，从而不能显著地提高城乡居民消费水平。2007年之后，当期的科教文卫支出对农村居民消费产生了积极影响，表示政府加大了对农村居民的科教文卫支出，并且效果逐步显现，提振了居民的消费信心，但是对于城镇居民，政府支持力度较为不足。

在社会保障支出方面，2007年之前，农村社会保障制度不完善，无法在较大程度上保证农村居民的基本福利，农村居民对政府政策信心不足，从而不能很好地产生消费，但城市社会保障制度逐步完善对居民消费产生了积极影响。2007年之后，政府社会保障支出的重心逐步向农村居民倾斜。由于社会保障支出具有一定的政策时滞，所以只有滞后期的社会保障支出会对农村居民消费产生积极影响。

在行政管理支出方面，行政管理支出是政府消费的重要项目之一，而政府消费和居民消费在最终消费项目中是此消彼长的关系。近年来，根据中国各项财政支出在财政总支出所占据的比重可知，行政管理支出所占据的比重呈现逐年下降趋势，这在总体上有利于居民消费水平的提高。滞后期的行政管理支出挤出居民消费的原因可能在于，目前很多省份存在着行政冗余、行政管理和执法效率低下以及公共资源闲置浪费现象，使得居民对当期消费没有太大的信心，政府滞后期的消费挤出了当期的居民消费。

三 财政支出对区域居民消费的影响

（一）地区间财政支出比较

中国各个地区经济发展水平和经济结构差别较大，表现在东中西部地区的经济发展程度差异较大，并且有扩大趋势。经济发展程度不同，各个地区所对应的财政支出也有所不同，本节重点分析财政支出的区域性差异。区域的划分具体如下：东部地区包括北京、天津、河北、辽宁、上海、江苏、浙江、福建、广东、广西、山东、海南等12个省份；中部地区包括山西、吉林、黑龙江、内蒙古、安徽、江西、河南、湖南和湖北等9个省份；西部地区包括四川、重庆、贵州、云南、陕西、甘肃、青海、宁夏、新疆、西藏等10个省份。地区间财政支出差异具体表现在以下几个方面。

1. 财政支出总量存在差别

东中西部财政支出的总量上存在着较大差异。由表5-5可以看出，2006~2012年，中国地区财政支出总量的大小依次为：东部＞中部＞西部。其中，2006年，东部地区财政支出比中部地区财政支出多7140亿元，中部地区财政支出比西部地区财政支出多2518亿元；2012年，东部地区财政支出比中部地区财政支出多17943亿元，中部地区财政支出比西部地区财政支出多5836亿元。由此可见，随着经济发展，东中西部财政支出各自在总量上不断增加，区域间财政支出总量之间的差距也在不断加大。与财政支出总量相比，东中西部人均财政支出较为均衡，甚至在部分年份出现了东部和中部地区财政支出小于西部地区财政支出的情况，这点在财政支出占国内生产总值的比重方面更加明显。自2006年以来，西部地区财政支出占国内生产总值的比重一直大于东部和中部地区，中部地区财政支出占国内生产总值的比重一直大于东部地区，表明随着经济发展程度不同，政府对经济的调控力度也表现出较大的差异。具体为：经济发展程度越高，政府调控力度越小；而经济发展程度越低，政府调控力度越大。另外，自2006年以来，中国各地区财政支出占国内生产总值的比重逐步增加，这说明受全球经济形势不景气的影响，为了避免经济进一步下滑，政府干预经济的力度也逐步增强。

表5-5　东中西部财政支出总量和人均值分析

年份	地方财政支出（亿元）			人均财政支出（元）			财政支出占GDP比重（%）		
	东部	中部	西部	东部	中部	西部	东部	中部	西部
2006	15743	8603	6085	2790	1946	2107	11.0	14.5	21.1
2007	19700	10857	7782	3443	2452	2694	11.6	15.3	21.6
2008	24188	14046	11014	4171	3159	3801	11.8	16.0	24.6
2009	29256	17757	14032	4980	3979	4827	13.3	18.3	28.4
2010	35386	21376	17123	5932	4777	5907	13.6	18.2	28.5
2011	43701	27171	21862	7272	6057	7514	14.3	19.0	29.5
2012	49637	31694	25858	8200	7043	8838	14.9	19.9	30.4

2. 财政支出结构分析

近年来中国东中西部经济发展差距不断扩大，财政支出的结构和总量也随之不断发生变化。但是通过分析各个财政支出项目，可知东中西部财政支出结构差异并不明显。表 5-6 显示，2007~2012 年，各个地区财政支出项目占财政总支出的比重大小基本是统一的，依次为经济建设支出＞科教文卫支出＞社会保障支出＞行政管理支出。具体来说，经济建设支出占财政总支出的比重一般为 44%~52%，科教文卫支出占财政总支出的比重一般为 24%~32%，社会保障支出占财政总支出的比重一般为 10%~19%，行政管理支出占财政总支出的比重一般为 5%~9%。总体来看，各项财政支出占财政总支出的比重差别较小，财政支出结构较为统一。由于东中西部各个地区经济发展程度不同，财政支出结构的一致并不利于经济发展和居民消费需求的扩大，各地区政府应结合自身实际情况，有重点、有选择地优化财政支出结构，为扩大内需奠定坚实的基础。

表 5-6　各地区支出项目占财政总支出的比重

单位：%

地区	年份	经济建设支出	科教文卫支出	社会保障支出	行政管理支出
东部	2007	44.2	27.5	11.5	8.4
	2008	45.5	28.4	11.2	8.0
	2009	48.4	28.4	10.7	7.3
	2010	48.0	28.3	11.8	7.1
	2011	47.5	29.1	12.4	6.6
	2012	46.9	31.0	12.3	6.4
中部	2007	47.5	25.6	16.1	6.9
	2008	49.2	25.8	15.4	6.3
	2009	49.7	25.8	15.4	5.9
	2010	49.7	25.0	17.0	5.9
	2011	49.1	26.6	17.3	5.2
	2012	47.3	28.9	17.4	5.1

续表

地区	年份	经济建设支出	科教文卫支出	社会保障支出	行政管理支出
西部	2007	49.0	26.2	14.2	7.0
	2008	51.1	24.9	14.5	6.1
	2009	51.6	24.7	14.1	5.9
	2010	50.5	24.4	16.7	5.9
	2011	49.4	25.2	18.2	5.4
	2012	48.8	27.3	17.2	5.2

（二）计量模型设定

本节实证分析所选用的样本是 1998~2012 年中国大陆地区 31 个省份的面板数据。本节模型考虑了区域发展的差异，分别从全国角度和东中西部分地区角度入手，考察财政支出对居民消费的影响。为了保持一致，本节所有数据继续采用人均值的对数形式，无法从统计年鉴上直接找到人均值数据，本书采用其年度数据除以年末总人口的方法计算。为了保证结果的合理性，模型添加了居民可支配收入、城市化率、开放程度等一系列控制变量，同时为了消除滞后期对当期的影响，将研究集中在区域方面，本模型没有考虑各项财政支出的滞后期。

实证模型设定如下：

$$\mathrm{conp}_{it} = \beta_0 + \beta_1 \mathrm{con\_p}_{it-1} + \beta_2 \exp_{it} + \beta_3 y_{it} + \beta_4 open_{it} + \beta_5 urbanlv_{it} + u_i + \varepsilon_{it}$$

其中，i 和 t 分别表示省份和年份，$\mathrm{con\_p}_{it}$ 表示人均居民消费的对数值；$\exp_{it}$ 表示各项人均财政支出的对数值；y_{it} 表示人均可支配收入的对数值，其中，人均可支配收入由城镇居民平均每人可支配收入和农村居民平均每人纯收入得出；$open_{it}$ 表示开放程度，由地区进出口总额占地区 GDP 的比重所代替；$urbanlv_{it}$ 表示城市化率，由非农业人口除以年末总人口计算得出；u_i 是个体异质项，通常是由某省份没有观测到的因素所引起的，ε_{it} 是随机误差项。模型数据来源为历年《中国统计年鉴》《中国财政年鉴》《新中国六十年统计资料汇编》、CEIC 中国经济数据库以及 RESSET 金融研究数据库等。

（三）实证结果分析

本书分别从全国以及东中西三大经济模块进行实证分析。在运用面板数据分析时，需要对全国和各个地区的面板数据分别进行 Hausman 检验，从而确定选取固定效应模型或随机效应模型。由此，对全国以及东中西部地区的面板数据检验结果如表 5–7 所示。

表 5–7 财政支出对区域居民消费的影响

con_p_{it}	全 国	东部地区	中部地区	西部地区
exp_e_{it}	-0.1158*** (0.0299)	-0.1786*** (0.0522)	0.0665 (0.0448)	-0.0915* (0.0531)
exp_t_{it}	0.3188*** (0.0460)	0.4102*** (0.0959)	-0.0857 (0.0739)	0.3689*** (0.0767)
exp_s_{it}	0.0840*** (0.0224)	-0.0099 (0.0423)	0.0887*** (0.0335)	0.0574 (0.0430)
exp_a_{it}	-0.0652** (0.0323)	-0.0802 (0.0506)	0.0112 (0.0394)	-0.0729 (0.0679)
y_{it}	0.6901*** (0.0579)	0.8625*** (0.1312)	0.9190*** (0.1174)	0.6015*** (0.0902)
$open_{it}$	-0.0141 (0.0484)	0.0315 (0.0588)	-0.9664*** (0.2073)	-0.5079** (0.2323)
$urbanlv_{it}$	-0.4003*** (0.0907)	-0.8321*** (0.1718)	-0.1106 (0.1008)	-0.2260 (0.1937)
_cons	1.3546*** (0.2987)	0.4388 (0.6683)	0.1622 (0.6181)	1.6839*** (0.4652)

续表

con_p$_{it}$	全　国	东部地区	中部地区	西部地区
样本数	465	180	135	150
Hausman 检验	[0.0000]	[0.0000]	[0.9916]	[0.0000]
模型选择	固定效应	固定效应	随机效应	固定效应

说明："（ ）"内的数据为标准误，"［ ］"内的数据为 p 值，其中 ***、** 和 * 分别表示通过 1%、5% 和 10% 的显著性水平。

由表 5 – 7 可知，财政支出对区域间居民消费的影响总体上较为显著。首先，从全国总体样本来看，科教文卫支出、社会保障支出、居民可支配收入等对居民消费产生了积极影响，经济建设支出、行政管理支出、城市化率等对居民消费的影响是消极的，开放程度对居民消费的影响并不显著。其次，在东部地区，科教文卫支出、居民可支配收入对居民消费产生了积极的影响，经济建设支出和城市化率对居民消费产生了消极的影响，而社会保障支出和行政管理支出对居民消费的影响是不显著的，开放程度对东部地区居民消费的影响也不显著。再次，在中部地区，社会保障支出、居民可支配收入对居民消费的影响是积极的，开放程度对居民消费的影响是消极的，经济建设支出、科教文卫支出以及行政管理支出对居民消费的影响是不显著的，城市化率对中部地区居民消费产生的影响并不显著。最后，在西部地区，科教文卫支出、居民可支配收入对居民消费的影响是积极的，开放程度对居民消费的影响是消极的，而经济建设支出对居民消费的影响是消极的，社会保障支出、行政管理支出和城市化率等指标对西部地区居民消费的影响则不显著。

改革开放以来，中国一直非常重视在经济建设方面的投入，经济建设支出占财政总支出的比重一直处于其他各类支出的首位，这类支出结构对于东中西部的经济发展发挥了重要作用。但是过量的经济建设投入也造成了资源的巨大浪费，重复建设现象严重，产能过剩问题较为突出，过量的投资需求在一定程度上挤压了居民的消费需求，因此经济建设支出对居民消费产生了消极作用。

在科教文卫支出方面，科学、教育、文化、卫生事业对经济发展有明显的促进作用，而经济发展水平的高低又直接决定了居民的消费程度。科教文卫支出对居民消费表现出了较显著的促进作用，这就要求政府增加科教文卫支出占财政总支出的比重，大力发展中国的科学、教育、文化和卫生事业，为发展经济和扩大内需奠定坚实的基础。

在社会保障支出方面，一方面，收入再分配是社会保障最根本和最核心的职能，健全的社会保障体系可以实现收入的垂直再分配和水平再分配，同时也会促进代际间的再分配；另一方面，社会保障对资源配置也产生很大的影响，不仅可以避免逆向选择带来的效率损失，而且可以调节宏观经济的平衡，达到资源的有效配置。由此可见，健全的社会保障体系会促进社会公平，为提高居民消费能力和增强居民消费意愿提供坚实的后盾。

在行政管理支出方面，全国样本的行政管理支出对居民消费产生了显著的消极影响，东中西部地区分样本不显著。行政管理支出是国家行政管理机构顺利履行职能的重要保证，如果没有必需的行政管理经费的供给，政府将无法对社会经济生活进行有效调节和干预。因此，行政管理支出是建立高效率政权机关、充分发挥政府对社会经济的积极作用的重要前提。但是，行政管理支出又是一种消耗性的支出，它不直接创造任何财富，因此，如果行政管理支出占财政总支出的比例过高，必然会影响到生产性经济活动的合理开展，从而妨碍社会和经济的发展与公众福利水平的提高。根据实证结果，中国行政管理支出总体上来说是合理的，没有对东中西部的居民消费产生消极影响，但是对于全国样本来说，鉴于行政管理支出产生的消极作用，其总量和结构仍需进一步调整。

在控制变量方面，居民可支配收入对居民消费的作用是积极的，而城市化率和开放程度则对部分地区产生了消极作用。首先，居民可支配收入的增加直接决定了居民消费水平的高低，符合消费理论，即收入水平增加是居民消费的重要保证。其次，开放程度对中西部地区居民消费表现为消极作用，对全国和东部地区则表现不显著。开放程度的提高本来会加快经济发展，有助于提高就业水平，降低失业率，从而刺激消费需求，但如果在改革开放中存在追求经济发展而挤占居民利益的情况时，则不利于居民收入水平的提高。再次，城市化率对全国样本和东部地区居民消费也表现为消极作用，对中西部地区的影响并不显著。城市化过程可以通过大量吸收农村剩余人口，从而增加农村居民的可支配收入，提高农村居民的消费水平。但由于经济发展不平衡，城市化过程中必然存在着一定程度的利益转移，在短期内会影响部分地区的居民收入水平，在一定程度上会抑制居民消费。

四 经济周期中财政支出对居民消费的影响

（一）经济周期和财政周期

财政周期和经济周期并不独立，二者相互影响、相互作用。一方面，经济周期会直接影响财政周期的变动。政府财政收支会随着经济周期的变动而存在着明显的波动现象，虽然这种波动不同于经济的周期性波动，但财政收支的波动一般高于经济波动的幅度。图 5-2 显示，中国财政支出占国内生产总值的比重在面临 1998 年亚洲金融危机和 2008 年全球经济危机时保持了较快的增长速度。同时，政府采取扩张性的财政政策应对经济危机，使得财政赤字也处于较高水平。这在 2008 年应对全球经济危机时尤为明显，中央和地方 4 万亿元的经济刺激计划使财政赤字水平大幅度上升。由

表 5-8 可知，1999 年和 2009 年的财政赤字分别是 -1743.6 亿元和 -7781.6亿元，都远高于前几年的财政赤字数额。

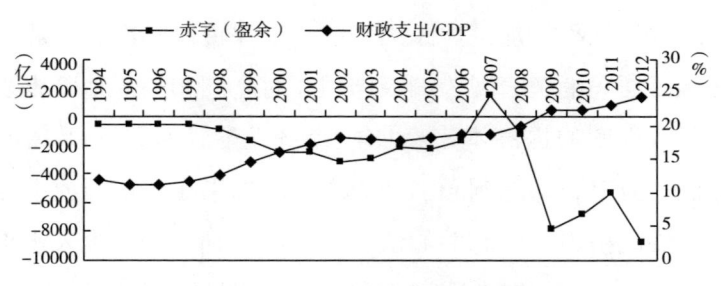

图 5-2 经济周期与财政周期

表 5-8 经济周期与财政周期

单位：亿元，%

年份	财政支出	财政收入	赤字（盈余）	财政支出增速	财政收入增速	GDP
1994	5792.6	5218.1	-574.5	24.8	20.0	48197.9
1995	6823.7	6242.2	-581.5	17.8	19.6	60793.7
1996	7937.6	7408.0	-529.6	16.3	18.7	71176.6
1997	9233.6	8651.1	-582.5	16.3	16.8	78973.0
1998	10798.2	9876.0	-922.2	16.9	14.2	84402.3
1999	13187.7	11444.1	-1743.6	22.1	15.9	89677.1
2000	15886.5	13395.2	-2491.3	20.5	17.0	99214.6
2001	18902.6	16386.0	-2516.6	19.0	22.3	109655.2
2002	22053.2	18903.6	-3149.6	16.7	15.4	120332.7
2003	24649.9	21715.3	-2934.6	11.8	14.9	135822.8
2004	28486.9	26396.5	-2090.4	15.6	21.6	159878.3
2005	33930.3	31649.3	-2281.0	19.1	19.9	184937.4
2006	40422.7	38760.2	-1662.5	19.1	22.5	216314.4
2007	49781.4	51321.8	1540.4	23.2	32.4	265810.3
2008	62592.7	61330.4	-1262.3	25.7	19.5	314045.4

续表

年份	财政支出	财政收入	赤字（盈余）	财政支出增速	财政收入增速	GDP
2009	76299.9	68518.3	-7781.6	21.9	11.7	340902.8
2010	89874.2	83101.5	-6772.7	17.8	21.3	401512.8
2011	109247.8	103874.4	-5373.4	21.6	25.0	473104.0
2012	125953.0	117253.5	-8699.5	15.3	12.9	518942.1

数据来源：2013年《中国统计年鉴》。

另一方面，财政收支及其变化既可以促进经济稳定，也可能损害经济发展。在财政政策中，财政收入与财政支出是基本的政策手段，但两者作用于总需求的方向恰好是相反的：在不考虑其他因素的情况下，增加收入会减少总需求，增加支出会导致总需求扩张。由于两者作用相互抵消，财政政策对总需求的最终影响取决于财政收入和财政支出的相对增长率。因此，如果财政支出增长快于财政收入的增长，则为扩张总需求的因素。如果这种情况发生在经济衰退时期，则有助于宏观经济的稳定，反之则会加剧宏观经济的波动。事实上，中国在应对经济波动时，就是通过这些逆向操作手段来促进经济稳定的。

同时，经济的周期循环会使社会保障和税收等发挥"自动稳定器"作用，从而促使政府对财政收支做出合理的政策性调整。在中国，中央政府控制了实施稳定政策所必要的货币手段（中央银行）和财政手段（财政支出和税收），通过对财政支出与税收及其组合的适当决策，形成了财政收支周期性变化。可见财政政策工具在经济运行中发挥了重要调节作用，一方面可以减缓经济衰退对财政收支系统的冲击；另一方面可以抑制经济波动，提高宏观经济的稳定性，从整体上使经济状况得到改善。

但是由于政府的年度预算原则与稳定政策的内在要求相冲突，

法律和法规对政府的行为往往没有形成强有力的约束,中央政府可以通过发行公债、提高财政支出、降低财政收入、扩大财政赤字等多种财政政策手段,实施财政扩张。由此可见,受经济周期影响的财政周期会对居民消费产生显著的影响,在经济萧条时期,政府可以实施扩张性的财政政策,通过采取增加政府财政支出和减少税收等财政手段抑制经济下滑,保证居民的可支配收入,刺激消费和投资,增加社会总需求;在经济繁荣时期,政府可以实施紧缩性的财政政策,通过减少政府财政支出和增加税收等财政手段抑制通货膨胀,减少消费和投资,从而降低总需求的增加幅度,防止经济过热。

(二) 计量模型设定

本节的重点是分析不同财政周期下的财政支出行为对居民消费的影响。财政运行周期本身就是一个复杂的现象,各国政府采取的财政措施也随着经济情况的不同而有所区别。

为了描述复杂的财政运行周期,应保证合理的经济理论和简洁的模型二者互相协调配合,但是现实中,这二者往往是相互矛盾的。在模型设定上,加入过多的解释变量虽然可以提高模型的解释力,但是也牺牲了模型的简洁性,为此需要在模型的解释力与简洁性之间找到一个最佳的平衡点。为了更好地检验中国经济周期下财政支出对居民消费的影响,构建计量模型如下:

$$\text{conp}_{it} = \beta_0 \text{con\_p}_{it-1} + (\beta_1 + \beta_2 D_{it}) + (\beta_3 + \beta_4 D_{it}) G_{it} + \varepsilon_i + \nu_t + \mu_{it}$$

其中,i 和 t 分别表示省份和年份,被解释变量 con_p_{it} 表示人均居民消费的对数值;G_{it} 表示人均财政支出的对数值;D_{it} 是虚拟变量;ε_i 控制不随时间变化的个体固定效应,ν_t 控制不随个体变化的时间固定效应,μ_{it} 为随机误差项,服从正态分布。

为了应对亚洲金融危机和全球经济危机,中国于 1998~2004

年和 2008～2012 年分别实施了扩张性的财政政策，为达到研究目的，本节选择年份的数据恰好覆盖了这两个区间。在模型设定中，为了避开虚拟变量陷阱，根据虚拟变量的引入规则，设置一个虚拟变量 D_{it} 用以区分财政扩张时期和财政稳健时期，具体定义如下。

$$D_{it} = \begin{cases} 1, \text{财政扩张时期}(1998\sim2004\text{ 年}, 2008\sim2012\text{ 年}) \\ 0, \text{财政稳健时期}(2005\sim2007\text{ 年}) \end{cases}$$

D_{it} 表示财政扩张时为 1，财政紧缩时为 0。$D_{it}G_{it}$ 是财政周期虚拟变量和政府财政支出的乘积，表示政府财政支出对居民消费的影响是否因为财政周期不同而存在着差异。

所以，本节的模型具体如下。

$$E\{\text{con\_p}_{it} | D_{it} = 1\} = \beta_0 \text{con\_p}_{it-1} + (\beta_1 + \beta_2) + (\beta_3 + \beta_4)G_{it}$$

$$E\{\text{con\_p}_{it} | D_{it} = 0\} = \beta_0 \text{con\_p}_{it-1} + \beta_1 + \beta_3 G_{it}$$

（三）实证结果分析

财政政策的风向是根据经济形势的变化而相应发生变化的。在中国以扩大内需为主要经济政策目标的前提下，居民消费在财政政策风向的作用下，变化情况也体现了中国政府所实施财政政策的效果。扩张性财政政策和稳健性财政政策影响居民消费的实证结果如表 5-9 所示。

表 5-9 显示，根据 1998～2012 年 31 个省份的面板数据和四种方法对模型进行估计，结果表示第（4）列 Two-step SYS-GMM 估计结果是稳健并且可靠的，原因大致有以下几个方面：其一，滞后项 con_p_{it-1} 的估计值介于第（1）列 OLS 估计值和第（2）列固定效应估计值之间；其二，AR（2）检验不能拒绝一阶差分方程中不存在二阶序列相关的原假设；其三，Sargan Test 不能拒绝工具变量有效这一原假设。

表 5-9 经济周期下基准模型的估计结果

估计方法	OLS (1)	FE (2)	Two-step DIF-GMM (3)	Two-step SYS-GMM (4)
con_p_{it-1}	0.9955*** (0.0085)	0.8110*** (0.0275)	0.7335*** (0.0179)	0.9103*** (0.0098)
G_{it}	0.0262 (0.0286)	0.0753** (0.0291)	0.1030*** (0.0152)	0.0923*** (0.0216)
G_{it-1}	-0.0496* (0.0263)	0.0396 (0.0281)	0.0656*** (0.0093)	-0.0592*** (0.0186)
$D_{it}G_{it}$	0.0529*** (0.0124)	0.0354*** (0.0130)	0.0288*** (0.0058)	0.0569*** (0.0072)
D_{it}	-0.4520*** (0.0976)	-0.3169*** (0.1023)	-0.2579*** (0.0471)	-0.4826*** (0.0583)
_cons	0.3565*** (0.1022)	0.8565*** (0.1484)	1.0929*** (0.0424)	0.6360*** (0.0697)
AR (1)	—	—	[0.0002]	[0.0001]
AR (2)	—	—	[0.0664]	[0.3684]
Sargan Test	—	—	[1.0000]	[1.0000]
N	434	403	403	434

说明:"( )"内的数据为标准差,"[ ]"内的数据为 p 值,其中***、**和*分别表示通过1%、5%和10%的显著性水平。

具体来说,根据 Two-step SYS-GMM 估计方法,财政支出对居民消费效应的基准模型估计结果分析如下。

首先,D_{it} 和 $D_{it}G_{it}$ 的系数 β_2、β_4 都显著不为0,说明含有虚拟变量的截距和斜率同时变动模型成立,表示在财政扩张时期和财政稳健时期,财政支出对居民消费的影响是不同的。具体来看,$D_{it}G_{it}$ 的系数估计为正,且显著程度较高(显著水平达到1%),说明政府财政支出在财政扩张时期对居民消费产生的影响要大于财政稳健时期。由此可见,中国1998年和2008年实施的扩大内需的财政政策是有效的。

其次，政府财政支出的当期对居民消费产生了显著的影响，而滞后期的财政支出则对居民消费产生了显著的消极影响，两者的显著水平都达到了1%。表明从总体水平来看，无论是财政扩张时期，还是在财政稳健时期，政府财政支出对居民消费都产生了显著的影响。

最后，居民消费的滞后期对当期表现出较强的正向作用，表示在财政扩张时期和财政紧缩时期，居民的历史消费水平是影响当期居民消费的重要因素。政府在扩大内需时，应将收入预期等因素纳入到财政政策的重点考虑范围之中，着力于从长远考虑提高居民的消费水平。

在分析了总体样本中财政支出对居民消费的周期性效应之后，本书继续从区域样本角度分析财政支出对居民消费的影响。经济周期下区域模型的估计结果如表5-10所示。

表5-10 经济周期下区域模型的估计结果

被解释变量	con_p_{it}（估计方法：SYS-GMM）		
	东部地区	中部地区	西部地区
con_p_{it-1}	0.8823*** (0.1001)	0.7064*** (0.2106)	0.7390*** (0.1472)
G_{it}	0.1595* (0.0874)	0.3090** (0.1406)	0.0213 (0.1274)
G_{it-1}	-0.1683** (0.0732)	-0.1081 (0.1210)	0.0953** (0.0788)
$D_{it}G_{it}$	0.1053** (0.0317)	0.0121 (0.0960)	0.0408 (0.1232)
D_{it}	-0.8855*** (0.2563)	-0.1010 (0.7375)	-0.3984 (0.9454)

续表

被解释变量	con_p$_{it}$（估计方法：SYS - GMM）		
	东部地区	中部地区	西部地区
_cons	1.2314 (0.4359)	1.0329 (0.9612)	1.3936*** (0.5107)
AR (1)	0.0221	0.0787	0.0576
AR (2)	0.3786	0.2268	0.4177
Sargan Test	[1.0000]	[1.0000]	[1.0000]
N	168	126	140

说明："( )"内的数据为标准差，"[ ]"内的数据为 p 值，其中***、**和*分别表示通过 1%、5%和 10%的显著性水平。

根据经济周期下区域模型的估计结果可知，滞后期的居民消费对当期居民消费仍然表现出较强的积极影响。当期政府财政支出对东部地区和中部地区的居民消费产生了积极影响，但对西部地区居民消费的影响并不显著；滞后期的政府财政支出对东部地区居民消费产生了消极影响，对中部地区居民消费的影响不显著，对西部地区居民消费产生了积极影响。根据 D_{it} 和 $D_{it}G_{it}$ 的系数 β_2、β_4 的估计值可知，东中西部政府财政支出对居民消费产生的影响在财政扩张时期和财政稳健时期有所不同，政府出台的以扩大内需为目的的积极财政政策对东部地区的居民消费产生了一定的影响，而对于中西部地区来说，财政支出在财政扩张时期对居民消费并未产生显著的积极影响。

综上可知，对于中国来说，从总体上看，逆风向的财政政策是有效的。在中国当前内需不足的经济背景下，政府在制定宏观经济政策时，应结合自身实际，采取增支减税的扩张性财政政策。但是由于中国幅员辽阔，各地区经济发展程度不同，所以政府在出台财政政策时，应考虑到东中西部地区实际经济发展情况，注重优化财政支出结构。虽然中国东中西部的财政体制较为统一，但是在当前经济形势下,中央政府应适当简政放权,使地方政府能够根据本地经济发展情况,有保有压地调整财政支出结构。对于经济发达地区,政府应注重提高科教文卫支出和社会保障支出的比重,提高中低收入群体的可支配收入;对于经济欠发达地区,政府应在完善基础设施的同时,进一步支持发展地方支柱产业,吸纳剩余劳动力,从而提高居民的收入水平。

第六章 财政支出对居民消费的冲击效应研究
——以F省为例

为了进一步研究财政支出对居民消费的影响程度，本章在上一章省级面板数据分析的基础上，选取F省为研究样本，利用县级面板数据和PVAR模型分析财政支出对居民消费的冲击效应。尽管全国各省份之间存在较大的差别，但F省的经济运行情况可看作中国经济运行的一个缩影。省级政府和县级政府是中央政府宏观调控政策的主要执行者，这就要求基层政府弱化追求政绩的意愿，将更多的财政支出放在有利于发展民生和提高居民消费水平的领域。

一 F省财政支出影响居民消费的政策实践

（一）F省居民消费的基本情况

F省居民消费绝对额呈现不断增长状态。F省1990~2012年居民消费支出总额数据显示，1990年该省居民消费总额为289.33亿元，2000年为1539.58亿元，2012年为6028.12亿元，二十多年来年均增长额为260.85亿元（见图6-1）。

与此同时，F省城乡居民消费差距同样呈现逐年增长状态。图6-2显示，城乡居民消费支出总额方面，1990年，F省城镇居民消费总额为124.15亿元，农村居民消费总额为165.17亿元，二

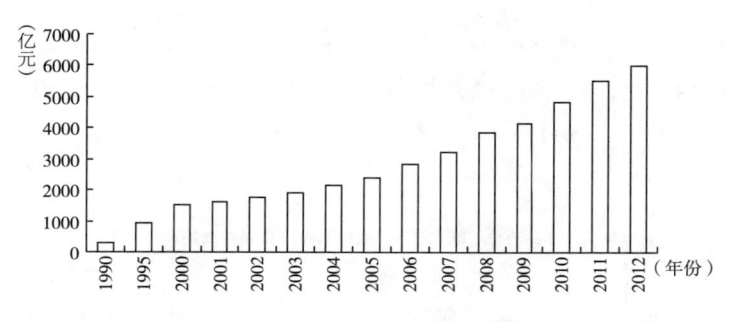

图 6-1　F 省居民消费支出总额

数据来源：2013 年《F 省统计年鉴》。

者相差 -41.02 亿元；2000 年，F 省城镇居民消费总额为 979.78 亿元，农村居民消费总额为 559.80 亿元，城乡居民消费差距为 419.98 亿元；2012 年，F 省城镇居民消费总额为 4553.72 亿元，农村居民消费总额为 1474.40 亿元，城乡居民消费差距为 3079.32 亿元。

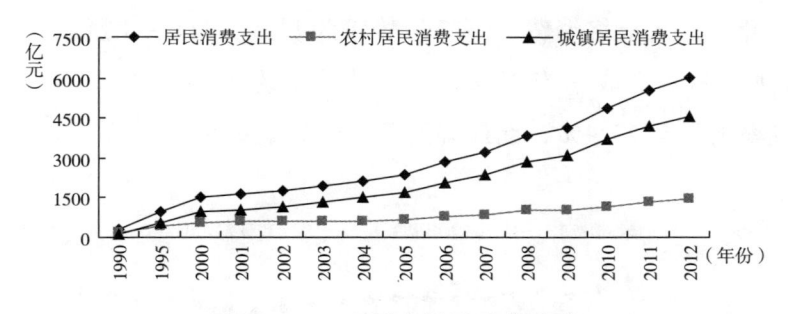

图 6-2　F 省城乡居民消费支出

数据来源：2013 年《F 省统计年鉴》。

城乡居民人均消费支出差距更加明显。图 6-3 显示，1990 年，F 省人均居民消费支出为 979 元，其中农村人均居民消费支出为 718 元，城镇人均居民消费支出为 1473 元，城乡居民人均消费差距为 755 元；2000 年，F 省人均居民消费支出为 4574 元，其中农村人均居民消费支出为2788元，城镇人均居民消费支出为6648元，城乡居民消费差距为3860元；2012年，F省人均居民消费支出为16144元，其中农村人均居民消费支出为9596元，城镇人均居民消费支出为20722元，城乡居民消费差距为11126元。

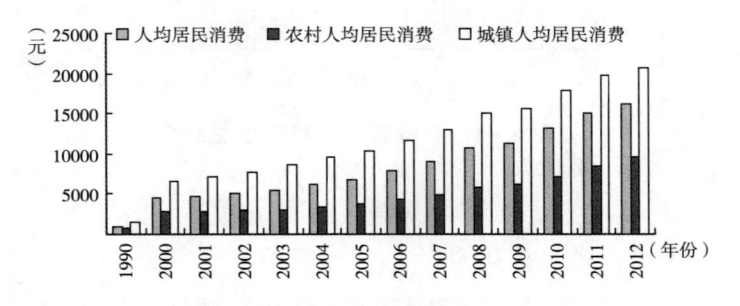

图6-3　F省人均居民消费支出

数据来源：2013年《F省统计年鉴》。

另外，相比于资本形成总额占地区生产总值的比重（即投资率）稳步提高，F省最终消费率却呈现逐步下降状态，特别是2008年以来，最终消费率下降趋势较为明显。图6-4显示，1990年，F省资本形成率为29%，最终消费率为73%；2012年，资本形成率上升至57.4%，而最终消费率下降至40%。

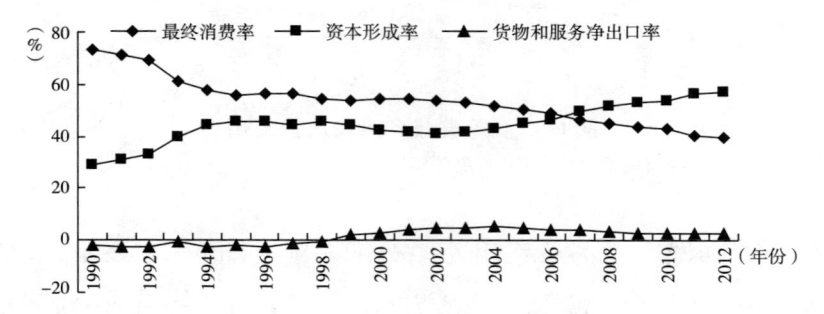

图6-4　F省消费、投资和出口占地区生产总值的比重

数据来源：2013年《F省统计年鉴》。

(二) 影响居民消费的财政支出政策实践

F省扩大内需的财政政策，是通过增加民生支出的比重和增加居民可支配收入来实现的。在影响居民消费的财政支出政策方面，2008年以来，F省逐年提高民生支出占财政总支出的比重，增加居民可支配收入，扩大居民消费需求。表6-1详细列出了2008~2012年F省财政支出的重点投向。其中，教育支出主要用于完善基础教育资助政策体系，力求促进教育均衡发展；科学技术方面的支出主要着力于支持各项科技创新优惠政策，刺激企业重视科技研发；文化体育与传媒支出主要用于农村体育建设工程、社区图书室工程等文化事业基础设施建设；社会保障和就业支出，主要用于保障新型农村社会养老保险、城镇居民养老保险、城乡居民最低生活保障，以及重点优抚对象生活补助等社会救助体系；医疗卫生方面的投入主要用于保障新型农村合作医疗和城镇居民医疗保险，以及增强基本公共卫生服务能力等；城乡社区事务支出主要用于城乡环境卫生整治支出和城乡基础设施的完善；农林水事务支出主要用于农业支出、林业支出、水利支出以及农业综合开发支出等方面；工业商业金融等事务支出主要用于家电下乡补贴、食品安全防治等。2013年1~11月，F省全省一般公共服务支出为275.23亿元，占财政总支出的比重为11.7%，与2012年的11.2%相比，增加了0.5个百分点；全省直接与民生相关的支出为1703.26亿元，占总支出的72.1%，与2012年相比增加了1.8个百分点。

表6-1 2008~2012年F省公共财政支出

单位：万元

项目	2008	2009	2010	2011	2012
支出合计	11377159	14118238	16950906	21981797	26075020
1. 一般公共服务	1891974	2038230	2119124	2474656	2931509

续表

项　目	2008	2009	2010	2011	2012
2. 外交	—	—	—	—	—
3. 国防	31468	32557	32680	47622	55117
4. 公共安全	915985	994719	1206017	1447356	1623883
5. 教育	2332923	2775527	3277681	4067325	5623008
6. 科学技术	256281	278903	323057	404793	484695
7. 文化体育与传媒	224251	257706	271014	358595	460722
8. 社会保障和就业	1092914	1328536	1482366	1849165	2052848
9. 医疗卫生	742741	933922	1175835	1592972	1859917
10. 环境保护	140264	338250	397865	379484	485982
11. 城乡社区事务	750936	784441	1076788	1462422	1788641
12. 农林水事务	804268	1208948	1603355	2078860	2441622
13. 交通运输	456079	1276205	1252071	2400536	2720829
14. 工业商业金融等事务	880165	938201	1044916	1469231	1649455
15. 其他支出	856910	932093	1688137	1948780	1896792

数据来源：2009~2013年《F省统计年鉴》。

居民可支配收入是居民消费的重要保障。F省历来重视"藏富于民"，增加居民可支配收入的财政政策主要包括以下几个方面。

首先，增强基层公共服务保障能力。近年来，F省政府在继续实施均衡性转移支付、缓解县乡财政困难补助、调整工资转移支付、发放县乡中小学教师津补贴等补助的基础上，以实现"保工资、保运转、保民生"为目标，进一步完善县级基本财力保障机制，加大对县市的补助力度，保障基层政府实施公共管理、提供基本公共服务，以及落实省委、省政府各项民生政策的基本财力需要。2010年，省财政累计安排一般性转移支付资金119亿元，比上年增加12.4亿元，增长11.6%，有力地增强了基层公共服务的保障能力。

其次，完善促进县域经济发展的激励机制。一是为鼓励各市、县（区）加快经济发展方式转变，进一步壮大总量，提升质量，推动本省跨越式发展，F省出台了财政收入增长考核奖励办法。二是继续实施"六挂六奖"办法，调动各个市、县（区）在发展经济方面的积极性，促进其加强财政管理，提升财政运行质量。例如，2010年共下发"六挂六奖"补助资金12.12亿元。

再次，积极推进试点小城镇综合改革，增加地方居民收入。一是从2010年中央财政代理发行的本省地方政府债券资金中，分配每个试点小城镇5000万元用于基础设施建设。二是对每个试点镇安排60万元规划编制专项经费，确保规划编制和实施工作顺利进行。三是完善试点镇财税管理体制，并对从事公共基础设施建设的项目和符合条件的环境保护项目给予税收优惠。四是对新入驻试点镇的大型商贸和金融保险企业缴纳的相关税收给予拨补返还。五是试点镇建设用地的土地出让金，除政府规定的必保支出外，全额用于试点镇的发展。

最后，支持原中央苏区县和革命老区发展。一是安排并增加革命老区专项转移支付资金，用于改善这些地区的生产生活水平；二是提高重大民生政策的补助标准。如从2010年起，省级财政对原中央苏区县的补助标准高于或者等于"中央补助标准"。

二 计量方法和模型设定

（一）计量方法和数据说明

1. 计量方法

本节采用的估计方法是面板向量自回归模型（PVAR）。该模型是在向量自回归模型（VAR）的基础上演变而来的。向量自回归模型是Sims（1980）基于数据统计的性质而非经济理论所提出的估计方法。该模型认为，经济活动会随时间的变动而体现在变量数据上，通过分析数据自身的特性，便可掌握经济活动的运行规律。向量自回归模型被广泛地应用于分析具有较多观测值的宏观时间序列上，在应用经济学领域取得了较大的成效。但向量自回归模型对数据长度的要求较高，现实中有限的观测值通常很难达到要求。以中国为例，多次经济和财税体制改革使得变量在统计口径上存在很多不一致的地方，导致数据量无法满足 VAR 模型的要求。在中国的现实情况下，面板数据的观测值一般较少，并且存在个体多样性等特征，所以无法将 VAR 模型直接应用在面板数据分析上。为了解决 VAR 模型存在的问题，Holtz – Eakin（1988）提出了面板数据向量自回归模型（PVAR）。PVAR 模型沿袭了 VAR 模型和面板数据分析方法的优点：一方面，将系统中所有的变量都作为内生变量，可以真实反映出各变量之间的互动关系；另一方面，PVAR 模型可以有效地把握变量之间的内在影响机制，面板数据可以控制个体异质性，容易避免多重共线性。同时，PVAR 模型也克服了 VAR 模型对数据长度要求较高的缺点。

2. 数据和变量说明

本书数据和变量分别说明如下。

（1）关于数据

在研究政府财政支出对居民消费的深层次影响方面，本章选取 F 省作为全国地方政府的代表，理由如下。其一，经济发展程度。F 省经济发展水平在全国排名中等偏上，既不是经济最发达的几个省份之一，也不属于经济落后的省份，其发展趋势和进步程度可以代表中国整体的经济发展水平。其中，2005 年和 2006 年，F 省地区生产总值在全国排名第 11 位；2007 年和 2008 年，在全国排名第 13 位；2009～2012 年，在全国排名第 12 位。由此可见，F 省近年来经济波动较小，发展较为稳定。其二，人均居民消费水平。2005～2009 年，F 省人均居民消费水平在全国各省份中排名第 7

位；2010~2012 年，在全国各省份中排名第 8 位。F 省人均居民消费水平同样处于中等偏上水平，且波动幅度较小。其三，人均财政支出水平。相比于前两项指标，F 省人均财政支出水平和全国其他省份相比较为落后，处于中等偏下水平。其中，2005 年、2008 年、2011 年和 2012 年，F 省人均财政支出在全国各省份中排名第 22 位；2006~2007 年，在全国各省份中排名第 21 位；2009~2010 年，在全国各省份中排名第 23 位，总体增长情况较为稳定。通过上述指标的分析可知，和其他省份相比，F 省人均财政支出和人均消费支出两项指标在全国所处的位置差异较大，可以较好地研究居民消费对财政支出的敏感程度。

本章通过选取 F 省 1994~2012 年 25 个县市级面板数据，分析财政冲击对居民消费的影响和产生的效应。同时，按照县市的发展情况，将 25 个总体样本分为两个小样本：经济较发达地区和经济较不发达地区。数据来源为 1994~2013 年的《F 省统计年鉴》和《F 省财政年鉴》。为了避免异方差的出现，本书对所有变量的人均数据进行了对数化处理。

（2）关于 PVAR 模型中内生变量的选择

本书将居民消费、财政支出、税收收入、产出水平作为 PVAR 的内生变量，从总体上评估并考察财政支出政策对居民消费的冲击效应，并以财政支出和税收收入代表财政政策。

居民消费（$lncon$）：人均居民消费的对数。$lncon$ 是本书研究的核心变量。由于无法获得人均居民消费的统计数据，所以人均居民消费由居民消费总额除以年末户籍统计人口数计算得到。

财政支出（$lnexp$）：人均财政支出的对数。在已有研究中，关于财政支出的测度大都选择相对指标（财政支出占 GDP 的比例），而这种设定往往忽略了 GDP 对财政支出"自动稳定器"的反映，因此本书采用财政支出的绝对量作为主要衡量指标。

税收收入（lntax）：由于财政支出和税收是财政政策的主要作用工具，所以本书从整体上考虑，在研究财政支出对居民消费的影响机制时，将税收收入作为重要的控制变量考虑在内，从整体上观察财政政策对居民消费的影响。其中，税收收入用各年份的一般预算收入来代替。

产出水平（lngdp）：无论是新凯恩斯主义还是新古典理论，在研究居民消费时，都将产出水平看作关键的控制变量。本书选取人均地区生产总值的对数作为产出水平的代表，以衡量产出水平在影响居民消费中的作用情况。其中，地区生产总值是各年份以支出法衡量的 GDP。

表6-2　F省数据的描述性统计

变量	样本	均值	标准差	最小值	最大值
总体样本					
lnexp	475	6.65	0.99	4.84	9.37
lncon	475	8.49	0.50	6.88	10.07
lngdp	475	9.50	0.77	7.77	11.97
lntax	475	6.27	0.91	4.36	9.18
经济较发达地区样本					
lnexp	247	6.70	1.04	4.84	9.37
lncon	247	8.61	0.54	7.54	10.07
lngdp	247	9.75	0.77	7.94	11.97
lntax	247	6.50	0.99	4.59	9.18
经济不发达地区样本					
lnexp	228	6.60	0.93	4.93	8.76
lncon	228	8.35	0.42	6.88	9.27
lngdp	228	9.23	0.67	7.77	10.82
lntax	228	6.01	0.74	4.36	8.09

（二）基本模型的设定

和第五章相区别，本章的研究对象是经济发展程度不同的县市级地方政府。本章通过脉冲响应函数和方差分解讨论财政支出对居民消费的影响期数，并分析了在经济发展程度不同的地区中，财政支出作用于居民消费时所具有的性质差异。为揭示财政政策冲击对居民消费影响的动态效应，本书采用 PVAR 模型进行参数估计和脉冲响应分析。这种估计方法不仅能够有效把握变量之间的内在影响机制，也有助于克服个体异质性带来的估计偏差。基本的 PVAR 模型设定如下。

$$y_{it} = \beta_0 + \sum_{j=1}^{p} \beta_j y_{i,t-j} + f_i + d_t + \varepsilon_{it}$$

其中，$y_{it} = \{\ln con_{it}, \ln exp_{it}, \ln tax_{it}, \ln gdp_{it}\}$ 是基于面板数据所构造的 4×1 的变量向量，i 和 t 分别代表样本县市和年份，p 代表滞后阶数。β_0 表示截距项向量，β_j 是 4×1 维的表示滞后变量的系数矩阵，f_i 是 4×1 维的个体效应向量，d_t 是 4×1 维的时间效应向量，ε_{it} 则代表"白噪音"扰动项。

我们在模型中引入个体效应 f_i，以反映横截面单位之间的个体异质性。另外，由于个体效应和滞后的因变量相关，所以采用均值差分法来去除个体效应的技术会导致估计量的有偏估计。为了避免这种问题，本书在估计系统参数和脉冲响应函数前，运用 I. Love 所编写的关于 PVAR 的 stata 语言，根据模型实际情况分别采取均值差分与前向均值差分，去除关于年份的时间效应 d_t 和关于县市的个体效应 f_i。采用前向均值差分去除个体效应，这种变换能够保证变换变量和滞后回归子之间的正交性，这样就可以将滞后回归因子作为工具变量，从而可采用系统广义矩估计法估计方程。对于时间效应 d_t，我们沿用均值差分法对时间的差异性予以消除。最后，在脉冲响应的分析过程中，脉冲响应的分析需要估计它们的置信区间。为此，我们采用 Monte – Carlo 模拟获得正交化脉冲响应函数（IRF）的置信区间，并估计出最终的脉冲响应函数。

由于 PVAR 模型采用传统的 Cholesky 分解，其结论很大程度上取决于内生变量的排序。本书根据变量和模型的实际情况对内生变量的顺序排列如下：lnexp、lngdp、lntax、lncon，即假定财政支出对产出水平、税收收入和居民消费的冲击没有同期响应，产出对税收收入和居民消费的冲击没有同期响应，税收收入对居民消费的冲击没有同期响应，等等。

三 实证结果分析

（一）PVAR 模型估计

面板向量自回归模型将所有的变量都视为内生变量，因此，本书中的变量财政支出、居民消费、财政收入和产出水平均作为 PVAR 模型的内生变量。在进行 PVAR 估计之前，需要检验各个变量是否平稳。如果数据是非平稳的，会出现"伪回归"的估计偏差，从而对脉冲响应函数和方差分解的稳定性产生不利影响。为确保估计结果的稳健性，本书分别采用 LLC 检验、IPS 检验和 PP-Fisher 检验对四个内生变量 lnexp、lngdp、lntax 和 lncon 进行面板单位根检验，以确定其平稳性。如果原序列不平稳，则对数据进行差分处理。检验结果如表 6 – 3 所示。

表 6 – 3 面板单位根检验结果

变量	LLC 检验	IPS 检验*	PP-Fisher 检验
lnexp	– 10.753（0.000）	– 6.123（0.000）	0.562（1.000）
△lnexp	—	—	200.066（0.000）
lngdp	– 3.256（0.001）	– 1.032（0.151）	3.307（1.000）

续表

变量	LLC 检验	IPS 检验*	PP-Fisher 检验
△lngdp	—	—	103.342（0.000）
lntax	-3.019（0.001）	-5.991（0.000）	3.850（1.000）
△lntax	—	—	76.892（0.009）
lncon	-3.622（0.000）	-1.865（0.031）	12.006（1.000）
△lncon	—	—	234.555（0.000）

说明：括号中的值为 P 值，滞后阶数的选取根据 BIC 准则确定；变量前加"△"表示对变量作一阶差分；检验形式为带常数项形式。

* 此处 LLC 检验和 IPS 检验所用的 stata 命令分别是 levinlin 和 ipshin，PP-Fisher 检验所用的命令是 xtfisher。

检验结果显示，在 LLC 检验和 IPS 检验下，各变量是平稳的。在 PP-Fisher 检验下，各变量的水平值存在单位根，而对其一阶差分值进行检验时，在 1% 的显著性水平下显著地拒绝"存在单位根"的原假设，此时一阶差分值均表现为无单位根的平稳序列，因此采用 PVAR 分析不存在伪回归。

在对 PVAR 模型进行参数估计之前，有必要确定 PVAR（p）模型的最佳滞后阶数 p。目前文献中广泛使用的主要有 AIC、BIC 和 HQIC 三种检验准则，但在确定 PVAR 模型的滞后阶数过程中又难免需要进行主观判断，这是由于依据以上三种准则所得到的结果在某些情况下并不一致。此时可以参考 Lütkepohl（1993）的建议：BIC 和 HQIC 准则可能优于 AIC 准则，因为当样本数趋近于无限大时，BIC 和 HQIC 准则最终能够选出正确的滞后阶数，而依据 AIC 准则选出的滞后阶数往往偏高。根据此标准，本书最终选定 PVAR 模型的最佳滞后阶数为 2 阶（见表 6-4）。

对模型进行 PVAR 稳定性检验后发现，PVAR 模型的所有特征根均落于单位圆内，表明模型结构较为稳定。由于 PVAR 模型没有区分内生变量和外生变量,而是把所有变量都看作内生的,因此,在本书中财政支出、居民消费、产出水平和财政收入等变量均作为 PVAR 模型的内生变量。以 $\ln exp_{it}$、$\ln gdp_{it}$、$\ln tax_{it}$ 和 $\ln con_{it}$ 的滞后项作为系统 GMM 估计的工具变量,其参数估计结果如表 6-5 所示。

表 6-4 PVAR 基准模型的最佳滞后阶数检验结果

滞后阶数	AIC	BIC	HQIC
1	-3.6195	-2.2690	-3.0805
2	-5.0340	-3.4043*	-4.3840*
3	-5.1652*	-3.2187	-4.3818
4	-4.0718	-1.7617	-3.1421
5	-3.2209	-0.4880	-2.1179

说明:*表示对应阶数为最佳滞后阶数。

表 6-5 总体样本 PVAR 模型的估计结果

变量	$\ln exp_{it}$	$\ln gdp_{it}$	$\ln tax_{it}$	$\ln con_{it}$
$\ln exp_{it-1}$	1.659*** (0.161)	0.625*** (0.114)	0.990*** (0.171)	0.378*** (0.109)
$\ln exp_{it-2}$	0.148 (0.200)	0.136 (0.157)	0.362 (0.227)	0.082 (0.166)
$\ln gdp_{it-1}$	-0.457** (0.225)	0.442*** (0.171)	-0.492** (0.250)	-0.375** (0.182)
$\ln gdp_{it-2}$	-0.335 (0.172)	-0.209* (0.119)	-0.365** (0.179)	-0.068 (0.131)
$\ln tax_{it-1}$	0.080 (0.267)	-0.006 (0.210)	0.626** (0.277)	0.147 (0.221)
$\ln tax_{it-2}$	-0.282** (0.113)	-0.167* (0.096)	-0.302*** (0.114)	-0.107 (0.096)

续表

变量	$\ln exp_{it}$	$\ln gdp_{it}$	$\ln tax_{it}$	$\ln con_{it}$
$\ln con_{it-1}$	-0.517** (0.245)	-0.487*** (0.189)	-0.496* (0.269)	0.548*** (0.208)
$\ln con_{it-2}$	-0.120*** (0.148)	-0.055 (0.110)	-0.336* (0.202)	-0.271** (0.123)

说明：括号中的值为标准误，其中***、**和*分别表示通过1%、5%和10%的显著性水平。

根据总体样本的PVAR估计结果，可知影响居民消费的因素除了滞后期的居民消费之外，还存在如下几个基本特征。其一，财政支出滞后一期时显著地促进了居民消费水平的提高，在滞后两期时并未显著地影响居民消费，表明财政支出是拉动居民消费的重要因素，但是财政支出政策的实施具有一定的时效性。其二，产出水平在滞后一期时对居民消费产生了负面的影响，说明经济增长并非居民消费水平提高的前提。这和许多研究中得出的结论并不一致。笔者认为，原因在于产出水平的提高是政府财政支出大部分用于投资和出口的结果，特别表现在应对1998年和2008年经济危机过程中，在中央政府出台以投资带动经济发展措施的引导下，地方政府出台相关的配套措施通过投资来拉动本地经济稳定和发展，由此就在一定程度上挤出了居民消费，降低了消费特别是居民消费对经济发展的贡献程度，所以产出水平会对居民消费产生负面影响。其三，无论是总体样本，还是按经济发展程度而划分的分样本，财政收入对居民消费没有产生显著的影响。税收收入是构成财政收入的重要因素，由此也说明了税收收入不是影响居民消费的重要因素，这是由中国目前的税收政策决定的。以个人所得税工薪所得费用扣除标准为例，其变化趋势是800→1600（2006.01.01）→2000（2008.03.01）→3500（2011.09.01），这些变化趋势和物价水平的变化基本一致。另外，中国并没有出台可以强力调控经济的财产税，所以税收收入对居民消费并未产生显著影响。

根据以上特征可知，一方面，财政支出的增加直接促进了居民消费，这表示政府通过财政支出工具扩大内需是较有效的宏观调控手段；另一方面，财政支出间接对居民消费产生了负面影响，这一影响途径是财政支出带动产出水平，产出水平进一步影响居民消费。尽管在中国当前经济形势下，产出水平对居民消费产生了负面影响，但该负面影响小于财政支出带来的积极影响。不过在正向和负向影响的共同作用下，财政支出对居民消费的促进作用并没有表现得非常强劲（见表6-6、表6-7）。

表6-6 经济较发达地区 PVAR 模型的估计结果

变量	$\ln exp_{it}$	$\ln gdp_{it}$	$\ln tax_{it}$	$\ln con_{it}$
$\ln exp_{it-1}$	1.635*** (0.248)	0.712*** (0.200)	0.940*** (0.257)	0.313* (0.171)
$\ln exp_{it-2}$	0.217 (0.227)	0.116 (0.175)	0.332 (0.274)	-0.082 (0.138)
$\ln gdp_{it-1}$	-0.378 (0.321)	0.436* (0.258)	-0.208 (0.259)	-0.181 (0.209)
$\ln gdp_{it-2}$	-0.390** (0.185)	-0.257** (0.127)	-0.462** (0.194)	-0.023 (0.101)
$\ln tax_{it-1}$	0.044 (0.322)	-0.055 (0.249)	0.823** (0.320)	0.169 (0.171)
$\ln tax_{it-2}$	-0.312** (0.158)	-0.121 (0.130)	-0.379*** (0.140)	-0.132 (0.081)
$\ln con_{it-1}$	-0.492* (0.280)	-0.606** (0.236)	-0.455 (0.311)	0.826*** (0.202)
$\ln con_{it-2}$	-0.150 (0.199)	-0.017 (0.137)	-0.424 (0.281)	-0.286** (0.115)

说明：括号中的值为标准误，其中***、**和*分别表示通过1%、5%和10%的显著性水平。

表 6-7　经济不发达地区 PVAR 模型的估计结果

变量	$\ln exp_{it}$	$\ln gdp_{it}$	$\ln tax_{it}$	$\ln con_{it}$
$\ln exp_{it-1}$	1.768*** (0.237)	0.631*** (0.155)	1.051*** (0.261)	0.512*** (0.162)
$\ln exp_{it-2}$	0.148 (0.244)	0.168 (0.168)	0.386 (0.288)	0.113 (0.184)
$\ln gdp_{it-1}$	-0.757** (0.373)	0.190 (0.296)	-0.759 (0.514)	-0.503* (0.283)
$\ln gdp_{it-2}$	-0.241 (0.256)	-0.059 (0.188)	-0.209 (0.285)	-0.068 (0.172)
$\ln tax_{it-1}$	0.136 (0.208)	0.077 (0.158)	0.584*** (0.217)	-0.016 (0.156)
$\ln tax_{it-2}$	-0.314*** (0.109)	-0.231** (0.092)	-0.299** (0.122)	-0.036 (0.084)
$\ln con_{it-1}$	-0.521* (0.304)	-0.328 (0.204)	-0.539 (0.362)	0.359 (0.219)
$\ln con_{it-2}$	-0.106 (0.142)	-0.197* (0.116)	-0.291 (0.196)	-0.085 (0.111)

说明：括号中的值为标准误，其中***、**和*分别表示通过1%、5%和10%的显著性水平。

经济较发达地区和经济不发达地区的 PVAR 估计结果表示，财政支出对居民消费产生了显著的挤入效应，产出水平在经济较发达地区并未对居民消费产生显著的影响，而对经济不发达地区的影响和总体样本一致，是负向影响。这是由于政府在出台相关措施拉动内需时，重点是完善经济较不发达地区的基础设施和提高其产出水平，财政政策对经济不发达地区的影响力度较大，所以不发达地区就成为投资的重点，投资对消费的基础作用会较为明显。这就导致了产出水平会对居民消费产生较为明显的负面影响。

(二) 脉冲响应分析

PVAR 模型并不具备理论基础，为了更清晰地了解总样本和经济发展程度不同的分样本之间的区别，本书利用脉冲响应函数对所研究变量之间的关系进行深入分析。脉冲响应函数主要用于衡量来自随机扰动项的一个标准差冲击对内生变量当前和未来取值的影响。采用的方式是在随机误差项上施加一个标准差大小的新息（innovation）冲击，然后观察该冲击对内生变量当期值和未来值的影响。通过设置脉冲为残差的一个单位的冲击，采用蒙特卡洛随机模拟方法来计算对财政支出冲击的动态影响。在程序运行过程中，本书将考察冲击作用的期限设为 10 期，分别得到居民消费、税收收入和产出水平等变量对财政支出的脉冲响应函数图（见图 6-5）。图中横轴表示财政支出冲击的响应期数，纵轴代表各个变量对冲击的响应程度，中间实线代表脉冲响应曲线，外侧虚线代表 5% 和 95% 分位点的置信区间。基于本书的研究目的，脉冲响应图将重点分析居民消费对财政支出冲击的动态响应。

1. 总样本下各变量对财政支出的脉冲响应函数

根据总体样本的脉冲响应图可知，财政支出的正交化冲击会引起居民消费、产出水平和收入水平的正面响应，三者均在第 1 期增加到最高点后逐期递减，如图 6-5 所示。结果表明财政支出对居民消费、产出水平和收入水平具有正向的推动作用，这与当前中国经济发展中所存在的现状吻合。第一，中国正处于走向市场经济的转轨时期，政府仍然是"大政府"，政府财政支出的增加会直接创造就业机会，增加居民可支配收入，提高居民的消费水平；第二，政府出台多项增加财政支出从而扩大内需的措施，在刺激居民消费和拉动投资的同时，有利于经济发展，提高了产出水平；第三，为了避免过大的财政赤字，财政支出的增加必然要求更多的财政收入来保证支出政策的顺利实施，所以财政支出冲击会得到财政收入的正向回应。

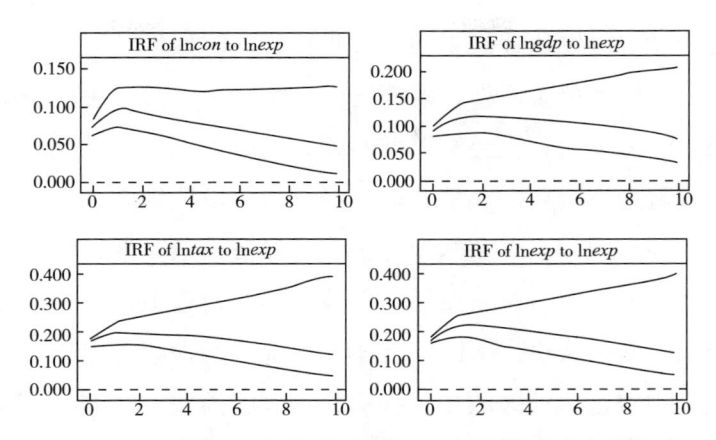

图 6 – 5　总体样本各变量对财政支出的脉冲响应函数图

2. 分样本下各变量对财政支出的脉冲响应函数

分样本下各变量对财政支出的脉冲响应函数如图 6 – 6 和图 6 – 7 所示。对于经济较发达地区来说，财政支出冲击对居民消费、产出水平和收入水平的影响较为有限，均在第 2 期达到峰值之后快速回落。随着滞后期数的增加，零值线会位于 5% 和 95% 的置信区间内，表明财政支出冲击对居民消费、产出水平和收入水平在之后不会产生显著的影响。由此可见，财政支出对经济发达地区的居民消费、产出水平等变量的影响是短期的。

对于经济不发达地区来说，财政支出冲击对居民消费、产出水平和财政收入所产生的影响十分显著。其中，财政支出冲击对居民消费产生的影响呈现先降后升的趋势，并在第 4 期之后逐步趋于平稳，影响程度保持在 5% ~ 10% 的水平。与总体样本影响程度缓慢下降有所区别，在经济较不发达地区，财政支出冲击对产出水平和财政收入产生的冲击一直较为平稳，影响程度下降的趋势小于总体样本下降的趋势。

综上可知，经济发展程度的不同会对冲击效应产生较为明显的差异，冲击效应的差异性可能与财政政策在不同地区的时效性有关。对于经济较发达地区来说，政策执行的时效性较强，表现在两个方面：在经济萧条时期，财政支出数额较多，对居民消费所发挥的效果也较为显著；在经济繁荣时期，财政支出总额较少，从而也没有较显著地影响居民消费。对于经济较不发达地区来说，财政支出刚性较强，同样表现在两个方面：在经济萧条时期，财政支出的数额较多，但是经济萧条过后，财政支出保持着惯性作用，并不会出现较大幅度的减少。所以经济不发达地区的财政支出会一直较为显著地影响着这些地区的相关指标，如居民消费、政府收入和产出水平等。

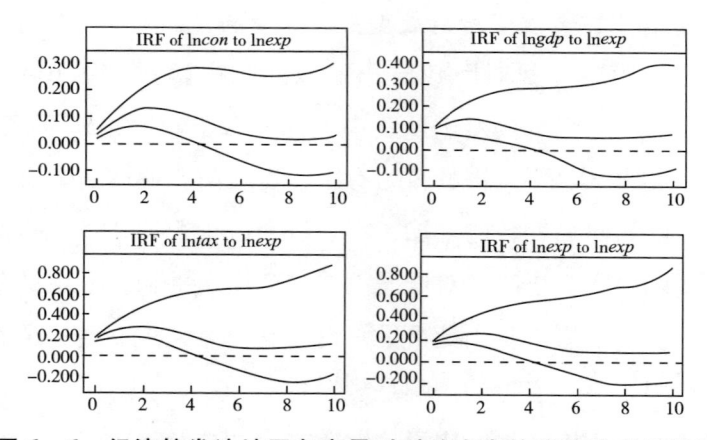

图6-6 经济较发达地区各变量对财政支出的脉冲响应函数图

（三）方差分解

方差分解是脉冲响应函数的互补分析。为了分析各新息对内生变量的贡献程度，我们将模型中每个内生变量的波动情况，按照成因分解成与各方程新息（随机扰动项）相关的各个组成部分。根据方差分解分析的结果整理出表6-8，指出财政支出冲击在不同时期对居民消费的贡献度，即财政支出冲击对居民消费影响的变化

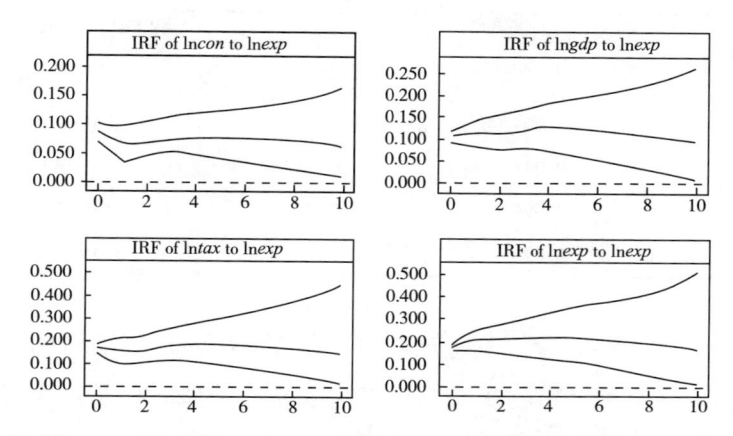

图 6-7 经济不发达地区各变量对财政支出的脉冲响应函数图

趋势。主要结果显示，总体样本下的财政支出对居民消费挤出效应的贡献度一般为 6%~32%，远大于两个分样本下的财政支出贡献程度。这说明经济发展程度越低，财政支出对居民消费的挤出效应越大。具体来说，在经济较发达地区，财政支出对居民消费的贡献度一般为 2%~10%；在经济欠发达地区，财政支出对居民消费的贡献度一般为 2%~16%。

表 6-8 财政支出冲击对居民消费的方差分解结果

样本 期数	总体样本 （25 个）	经济较发达地区 （13 个县）	经济较不发达地区 （12 个县）
1	0.000	0.000	0.000
2	0.034	0.023	0.027
3	0.095	0.060	0.089
4	0.131	0.082	0.139
5	0.137	0.087	0.155
6	0.128	0.085	0.146
7	0.116	0.079	0.132

续表

样本期数	总体样本（25 个）	经济较发达地区（13 个县）	经济较不发达地区（12 个县）
8	0.104	0.073	0.126
9	0.095	0.067	0.130
10	0.096	0.070	0.134
20	0.093	0.075	0.130

从总体样本上看，在前五期中，财政支出对居民消费的贡献度不断加大，由第 1 期的 0 增加至第 5 期的 13.7%，但是从第 6 期开始，这种影响逐步呈现小幅度的降低，由 12.8% 降低至第 20 期的 9.3%。这说明财政政策的作用具有时效性和短期性，政府在扩大内需的过程中应注重把握时机，适可而止，切不可出台过犹不及的财政支出政策。对于经济较发达地区和经济不发达地区，这种变化趋势也同样存在，在前 5 期呈现增加态势，从第 6 期开始出现轻微程度的降低等。经济较发达地区分样本在增加到第 5 期的 8.7% 之后减少到第 20 期的 7.5%，经济较不发达地区在增加到第 5 期的 15.5% 之后减少到第 20 期的 13%。这表明在一定期限内，财政支出的变动对居民消费的解释效力逐步加大，随后财政支出对居民消费的解释力度缓慢减少。另外，经济发展程度的不同也决定了方差解释效应的强度。在经济较不发达地区，财政支出对居民消费的贡献率高于经济较发达地区，表明经济发展程度越低，财政支出冲击对居民消费的作用机制更为明显，这也和上文中脉冲响应分析的结论基本一致。

四 结论

作为重要的财政政策工具，财政支出在需求管理中的应用以及产生的预期效果，同样是省级政府关注的重点。本节选取 F 省为例，利用 PVAR 方法分析了财政支出对居民消费的冲击效应。研究结论表明，在一定期限内，财政支出对居民消费具有较为显著的促进作用，但是应注意的是，这种拉动作用根据各个地区的经济发展程度不同而存在着一定的差异，财政支出在经济发达地区重点表现为时效性，在经济较不发达地区则重点表现为刚性。由此要求政府在出台相关的财政政策时，应有针对性地调节财政政策，保证财政政策的及时、高效。由于中国经济多年以来对政府投资形成的依赖性难以在短期内消失，生产性支出促进了基础设施的不断完善，提高了中国经济的增长率。但是，在目前的经济发展阶段中，这些投资支出的增长应保持一定的比例，国家应从基层政府开始调整经济发展战略，将重点放在居民消费性支出领域。

  通过对 F 省财政支出对居民消费的冲击效应可知，中国财政支出对居民消费的促进作用虽然较为明显，但程度较弱，说明中国目前财政支出政策的重点仍然是投资，或者扩大内需的作用在宏观层面上表现明显，但是对于省级以下地区来说，其发挥的作用较不明显，政府各项"保民生、调结构"的措施没有得到切实的落实。由于财政支出对经济较不发达地区的作用大于对经济发达地区的作用，所以政府当前财政政策的重点应放在优化财政支出结构方面。地方政府在响应国家的宏观调控政策和出台相关财政支出措施时，应根据本地区经济发展的实际情况，从区域经济协调发展的角度出发，重点加大对经济不发达地区的财政支出力度，在购买性支出和转移性支出方面双管齐下，加大对经济不发达地区的财政投入，保证当地的经济发展，进一步提高居民的消费水平。同时，对于经济发达地区来说，政府应减少财政投资力度，将重点放在完善城镇基础设施和社会保障体系方面，保证城镇经济的可持续发展。

第七章 财政支出政策促进居民消费的优化选择

合理的财政支出政策是提高居民消费水平的重要保障。根据前文的分析结论,可知应从优化财政支出结构、调整城乡和区域间收入差距以及保证财政支出资金的使用效率等角度出发,进一步提高中国居民消费水平,从而加大"三驾马车"中居民消费对经济的拉动作用。

一 优化财政支出结构,提高财政资金扩大内需效率

(一)基于宏观层面的视角

优化财政支出结构有助于财政资金使用效率的提高,是财政支出管理的中心环节。现阶段财政支出结构调整的目标包括努力释放有效需求,加大对"三农"、生态环境、教育、医疗卫生、保障性安居工程建设等民生领域的投入,增加公共产品的供给,更好地满足中国居民对公共产品的需求,从而在经济发展中充分发挥消费的基础作用、投资的关键作用以及出口的支撑作用[1]。结合前文的分析结论,财政支出结构优化的途径主要包括以下几个方面。

---

[1] 《"三驾马车"为拉动增长"保驾护航"》,人民网,http://www.people.com.cn/。

1. 在经济建设支出方面

经济建设方面的过多投入，很容易造成财政资金浪费，无论是对于城乡还是东中西部地区，都应尽量减少当期经济建设支出在财政总支出中所占比重，走出"先生产，后生活"的传统模式，从而尽力为民生支出节省财政资金。但应注意的是，目前中国市场经济处于转型时期，经济建设支出在促进经济发展方面处于重要地位，该项支出对于经济的长远发展具有重要的意义。所以，在调整经济建设资金比重时，应保证经济建设资金的总量，并通过加强水电、道路、通讯等基础设施投资建设，改善城乡居民消费环境；通过加大图书馆、公园、博物馆等政府公共产品供给，满足城乡居民的消费需求。

2. 在科教文卫支出方面

科教文卫支出关系到经济社会的长远发展，在影响中国居民消费方面发挥着重要作用。由于中国人口基数较大，和其他财政支出项目相比，中国科教文卫支出绝对额和相对额都偏少。今后不仅要提高科教文卫支出的总量，而且要提高科教文卫支出的相对数额，即提高科教文卫支出占财政总支出的比重，特别要大力提高农村和中西部地区的科教文卫支出总额。政府应设立农村专项补贴资金，用于农业的产业化发展。另外，由于中小企业是吸纳居民就业的关键力量，政府应通过财政补贴等方式大力支持中小企业，拓展其发展空间，使其最大限度地吸纳劳动力就业，并积极增加研发投入，从根本上提高国家经济整体的发展水平。

3. 在社会保障支出方面

作为扩大内需的重要保障，社会保障支出是影响居民消费的关键因素。社会保障支出的增加不仅可以改善居民生活条件，而且会消除各种不确定性因素带来的预防性储蓄动机，从而有力地促进居民消费。具体来说，政府应大力提高社会保障支出总额以及所占比重，尤其是农村和中西部地区的社会保障支出，建立覆盖城乡和东中西部地区一体化的社会保障体系。重点要提高对农村居民的社会保障投入，包括健全农村最低生活保障制度，不断扩大养老、医疗、失业等社会保障覆盖面等。

4. 在行政管理支出方面

行政管理支出是中国政府顺利运行的重要保障，但过多的行政管理支出也会成为国家经济发展的累赘。在前文的分析过程中，行政管理支出无论是城乡居民消费，还是对东中西部居民消费的影响结果均为不显著或者不稳定，所以政府应在简政放权原则的指导下，尽力控制行政管理支出比重，避免过度增加或减少。在其他支出项目方面，减少各种不必要的国有企业补贴支出，避免政府对国有企业的过多补贴干扰市场经济的正常运行，从而加快形成公平稳定的市场体系。

由于地方政府往往是财政支出政策的直接执行者，所以应重点加强地方政府的财政支出管理，严格约束预算支出，提高财政支出资金的使用效率，并逐步将归属于"第二财政"和"第三财政"的所有预算外资金，逐步纳入国库单一账户体系中。前文结论表明，应加大对东部地区的科教文卫支出，减少东部地区的经济建设支出；加大中部地区的社会保障支出，保持其他支出所占比重不变；加大西部地区的科教文卫支出和社会保障支出，控制经济建设支出和行政管理支出占财政总支出的比重。可见，各项财政支出对居民消费发挥着不同的作用，政府在调整财政支出结构时，应因地而异，避免要求各地区"一刀切"式的调整财政支出政策，保证各地区根据本地经济发展情况，有针对性地出台有利于提高本地居民消费水平的财政支出政策。

(二) 基于地方政府的视角

由于各级地方政府是国家宏观调控政策的重要执行者，所以地方政府在贯彻执行国家的宏观经济政策和优化财政支出时，应充分考虑本地区的实际情况和各县市的经济发展程度，合理地调整财政支出结构，提高财政资金使用效率，确保本地经济的长远发展和居民消费水平的稳步提高。为了扩大内需，促进居民消费，结合前文分析结论，地方政府财政支出结构调整的方向大体如下。

1. 对经济发达地区

在经济较发达地区方面，财政支出政策的时效性较强，在经济萧条时期，财政支出数额较多，在促进居民消费方面发挥着重要作用，但在经济繁荣时期，财政支出总额减少，并且无法显著影响居民消费。所以，财政支出结构的调整重点包括以下两个方面。

第一，注重财政支出政策的时效性特征。在经济萧条时，财政支出应将重点放在保障居民基本生活方面，以增加财政支出和减少税收的方式应对总需求不足，加大财政支出改善民生的力度，并允许出现适当的财政赤字。在经济繁荣时，应及时减少财政支出规模，注重藏富于民，将财政支出的重点放在维护经济长远发展方面，地方政府应在厉行节约和高效理财原则的指导下，建立科学的财政管理体制，争取让有限的财力有效发挥乘数作用。

第二，财政支出应重点保障低收入群体的基本生活。经济发达地区的物价特别是房价一般高于经济不发达地区，这是经济发达地区居民消费水平较低的重要原因，政府应将更多的财政支出放在城市保障房建设、抑制物价并给予经营者补贴等方面，从而切实增强低收入群体的消费信心，进一步提高经济发达地区的整体消费水平。

2. 对经济较不发达地区

为了拉动经济较不发达地区的居民消费，地方政府应明确财政支出投入的重点，尽量避免财政支出的刚性特征造成地区财政资金的浪费。考虑到经济较不发达地区财政支出的刚性特征，地方政府应建立财政支出资金合理增长的机制,注重财政资金的使用效率。经济较不发达地区具体应注重以下几个方面。

第一,注重增加居民可支配收入。经济较不发达地区消费不振主要是由于居民可支配收入偏低引起的,所以地方政府在调整财政支出结构时,应注重增加居民可支配收入。重点发挥公共建设项目对低收入群体就业的带动作用,借鉴美国罗斯福政府应对大萧条的相关经验,推行以工代赈,解决部分劳动力的就业问题,增加居民收入,从而提高居民消费水平。

第二,调整财政补贴项目。对于经济不发达地区,政府应注重通过财政补贴建立提高居民消费水平的长效机制,"授人以鱼"不如"授人以渔",除了在短期内对低收入群体出台家电、汽车补贴等措施外,在长期内,政府应加强对经济不发达地区基础设施和科教文卫方面的补贴力度,为带动居民消费创造良好的前提条件。

第三,及时清理浪费财政资金的支出项目。为了避免无效财政投资对消费的挤占,提高财政资金的使用效率,应重点避免重复建设投资和产能过剩对经济发展产生的危害,撤销众多浪费占用财政资金的项目,保证财政资金"物尽其用"。

二 调节收入分配结构,提高居民消费能力

(一)调节收入分配结构的总体框架

根据前文的分析,居民可支配收入是影响居民消费的重要因素。鉴于中国目前存在的贫富差距越来越大,对中国扩大内需形成了强有力的阻碍。增加居民可支配收入是提高城乡居民消费占国内生产总值比重的重要手段。为了增加居民的可支配收入,提高居民消费水平,当务之急是调整收入分配结构,缩小贫富差距。

1. 调整好居民、企业和政府三者的分配关系

在国民收入构成中，居民收入、企业收入和政府收入三者是此消彼长的关系，目前中国居民劳动报酬占国内生产总值的比重远低于发达国家，并呈逐年下降趋势，不利于居民消费水平的提高。为此，在国民收入初次分配中，应适当限制政府税收收入和企业利润增长的速度，进一步提高劳动报酬在国民收入中所占的比重，并充分利用财政补贴和税收优惠等政策工具，鼓励企业提高职工工资待遇，督促政府出台合理政策缩小各类劳动者之间的收入差距。

2. 完善工资增长机制，全面降低失业率

一方面，政府应出台措施保证职工工资水平同步于经济发展和物价水平，如根据各地经济发展情况提高最低工资标准，健全各行业工资增长制度；通过财政政策和货币政策的协调配合抑制通货膨胀，在经济过热而影响居民消费时，给予低收入群体一定的物价补贴。另一方面，积极降低失业率，提高居民就业水平。财政政策应从经济发展的全局出发，通过加强财政政策和其他货币政策的协调配合，形成劳动者充分就业、市场调节就业、政府促进就业的格局，从而达到经济稳定发展的目的。另外，政府应通过财政补贴的形式加大对劳动力市场的投入，为劳动者创造就业机会，促进劳动力自由流动，最大限度地降低失业率。

3. 增加公共产品供给，扩大公共服务，从而保证居民基本生活质量

提高民生支出所占比重是调节收入分配和缩小贫富差距的重要保障，也是推动社会事业领域消费同步于经济发展的关键力量。一是健全公共交通等基础设施建设，为低收入群体提供便利的出行方式和良好的消费环境。二是改善公共卫生条件和设施，增加政府医疗卫生支出。三是增加教育投入，为提高居民整体收入水平奠定基础。四是特别要提高贫困地区的公共服务水平，如供水供电、环境

保护等,从而吸引本地居民创业择业等。

4. 完善市场机制,减少政府政策干预

完善的市场机制是国民收入初次分配效率提高的重要保障,政府在市场运行的过程中,应提供公平竞争的市场机制,避免过多干预影响市场公平。如尽量减少对国有企业的相关补贴,使国有企业和民营企业处于同一竞争平台上,增强民营企业利润发展空间,从而为激发市场活力提供有力保障。

(二)调节收入分配差距的具体措施

1. 缩小城乡收入差距,提高农村居民收入水平

缩小城乡贫富差距的重点是利用财政补贴等转移性支出手段,提高农村居民可支配收入,扩展农村消费市场。为此,政府应从以下几个方面入手。其一,提高农产品的收购价格,积极发挥财政补贴在促进农村居民消费和增加农民收入方面的优势。其二,健全农业补贴制度,为农民增收提供政策保证。包括扩大补贴范围,提高补贴标准,完善与农业生产资料价格上涨挂钩的农资补贴动态调整机制等。在继续实行行之有效的惠农政策的同时,应出台有力的政策提高小城镇建设的速度,以此带动周边农村第二、第三产业发展,从而吸纳更多的农村劳动力,增加农民的可支配收入。其三,加快农村基础设施建设,谋求优质高效农业产业,推广农业科技,实现农业产业化发展,增加农民收入,增加农民有效消费需求。其四,逐步扩大公共财政覆盖农村的范围,支持建立城乡统筹的劳动就业制度、社会保障制度和义务教育制度等,形成城乡统一的劳动力、资金和土地市场,通过工业化、城市化、市场化,使广大农民逐步融入城乡一体化的格局中,从而逐步扩大农村消费需求。另外,政府要吸取家电下乡等政策的成功经验,顺应农村居民消费升级的新趋势,而且要加大对直接从事农业生产农民的补贴力度,提高农村居民收入水平和消费水平。

2. 缩小区域收入差距，促进各地区协调发展

在缩小地区收入差距方面，中国东中西部地区经济发展程度、基本公共服务水平，以及财政支出程度等各项指标均存在着显著差异，为此，政府应以促进基本公共服务均等化为原则增加对西部地区的公共产品投入，加快产业结构调整，提高中西部地区的转移支付水平，保证不同区域的居民享有同等的公共服务水平，并通过增加教育投入、职业培训、劳务输出等方式，增加西部地区居民就业机会，提高其创造收入的能力。为了提高中西部地区居民的可支配收入，最有效和重要的手段是增加对中西部地区的转移性支出。作为一种重要的再分配手段，转移性支出占财政支出的比重体现了政府对收入分配的调控程度。为了促进地区经济的协调发展，中央政府应在财政支出结构优化的基础上，加大对中西部地区的转移性支出力度。但应该注意的是，对于中西部地区来说，自身经济的发展才是解决贫困问题的根源，所以政府的转移性支出发挥的角色是辅助性的，转移性支出应重视对劳动积极性的保护，尽量避免财政资金的浪费。另外，根据第五章结论，为了提高居民消费水平，应进一步加大中西部地区的经济开放程度，提高中西部地区的城市化率。

3. 缩小行业收入差距，保证社会公正公平

在缩小行业收入差距方面，应深化垄断行业收入分配改革，加强收入水平监管力度。首先，对不涉及国家经济社会安全的产业领域，加快放开准入门槛，引入市场竞争机制，从根本上遏制垄断带来的高利润。其次，控制垄断企业的工资增长速度，缩小竞争性行业和垄断行业的收入差距。再次，进一步提高金融、电信、烟草等行业的国有企业红利上缴公共财政比例，降低对国有企业的亏损补贴额度，将财政资金更多地用于保障和改善民生等方面。另外，逐步理清国有经济和政府之间的利益关系，将国有经济利润纳入预

算，增加其透明度，防止和抑制第三财政弊端。

三 完善社会保障制度，增强居民消费意愿

（一）完善社会保障制度的总体框架

中国财政支出要更多地向民生倾斜，社会保障制度作为一种再分配形式，是政府通过财政支出保证居民基本生活的重要工具，是经济长远发展的重要保障，是社会稳定的基础。公平是社会保障制度的核心要求，完善社会保障制度应从权利公平、机会公平、规则公平和分配公平四个方面出发。完善社会保障制度的主要目的是公平和发展，二者双管齐下才会有利于中国居民消费水平持续有效提高。

首先，保障权利公平。在中国公民最低生活保障方面，政府应推行统一的社会保障体系。城乡或者区域经济发展不平衡带来了各地区公共服务差异明显，这不仅损害了部分公民享受改革红利的权利，而且给社会带来了较多的不稳定因素，不利于经济的长远发展。为了保障各地区公民的公平权利，政府应推行区域和城乡基本公共服务均等化，建立保障全体公民生存和发展基本需求的公共服务。

其次，保障机会公平。机会公平意在使经济社会发展成果更多更公平地惠及全体人民。保证任何社会成员享有均等的获得社会保障的机会及发展机会，杜绝竞争机制中特权意识的存在和出现。由于公共基础教育更有利于公民获取收入的机会公平或起点公平，所以机会公平的重点是保障教育机会公平，使全体国民在同一起跑线上竞争，优胜劣汰。

再次，维护规则公平。规则公平从要求法律、制度和规定等多方面公平角度出发，要求政府通过完善社会保障机制，要重点保护

生活水平无法达到最低要求的群体。与高收入群体不同,低收入阶层和弱势群体自身没有能力在社会中获得全面的保护。这就意味着,政府若不实施社会保障,这个群体可能会陷入贫困的恶性循环,从而限制社会人均收入的增长,不利于社会稳定。

最后,调节分配公平。当前中国需要重点调节分配公平的群体,包括失地农民、城市下岗职工、外地流动人群、在读和失业的大学生。社会保障通过收入再分配的功能进行调节,可以在一定程度上缩小贫富差距,缓解社会矛盾,有利于社会稳定。

(二) 完善社会保障制度的具体措施

为了使更多民众分享改革和发展成果,政府应增加社会保障领域的投入,促进中国"多层次、广覆盖、保基本"的社会保障体系不断完善。政府需要不断地在教育、住房、医疗和社会保障等领域承担更多的支出责任,保障劳动力的基本生活水平,使损失的劳动力得到恢复并以积极的姿态重新投入到社会生产中去。完善的社会保障体系有助于扩大生产和实现剩余价值,也有助于扩大需求的支付能力,促进整个劳动生产力的发展。具体来说,社会保障制度的完善主要有以下几个方面。

第一,更加注重保障和改善民生,逐步建立覆盖城乡所有劳动者的社会保障体系。在中国城市化的过程中,居民收入和消费水平的差距会越来越大,这就要求政府提高警惕,建立起完善的社会保障体系以应对各种潜在的社会风险。要进一步扩大社会保障的覆盖范围,建立规范的、普遍的最低生活保障制度,落实财政资金的拨付,为中国低收入群体特别是被忽视的农村地区居民提供切实的安全感,从而降低低收入群体的预防性储蓄倾向,为提高居民消费水平提供基本生活保障。

第二,充分发挥市场机制的作用,提高社会保障制度运行效率。借鉴发达国家的经验,引入市场机制作为提高制度运行效率的重要方式，减少社会保障支出资金的浪费。根据中国国情，可以将社会保障基金的集中性垄断管理转变为分散性竞争管理，鼓励社会机构参与社会保障项目管理等。但同时，需要政府完善相应的制度和法律保障措施。

第三，推行费改税改革，征收社会保障税。社会保障税不仅可以扩大税源，减轻企业负担，而且有助于发挥社会转移调节收入差距的功能，提高社会的消费能力。所以政府应本着普遍纳税、共同负担及税负从低的原则征收社会保障税，使其与所得税配合，达到自动稳定经济的作用。

第四，加快制定和完善社会保障法律法规，增强社会保障的强制性、规范性和稳定性。中国社会保障法制建设滞后于经济社会发展需要，导致政策执行随意性大、制度稳定性差等问题较为突出。因此，应当加强社会保障法律法规建设，加快社会保障立法步伐。

四 正确定位政府职能，保证市场自由公平

（一）正确处理政府和市场的关系

政府利用财政支出促进居民消费，是在市场失灵情况下干预市场的一种表现。这就要求政府在执行财政职能时，应处理好和市场的关系，避免"缺位"和"越位"现象的存在。切实保证市场在资源配置中起决定性作用，更好地发挥政府职能，是中央对深化改革的重大部署。由于市场离不开政府提供的各种公共服务，而政府又不能干预市场的正常活动，所以在下一步的改革中，应界定好政府与市场的边界以及各级政府的职能，确保政府为市场提供其所需要的服务，把错装在政府身上的手换成市场的手，进一步利用好市场"无形之手"，管好政府"有形之手"，约束政府做到不干预、不侵害市场的正常和正当活动，有效维护政府宏观调控政策的

运行。

一方面，合理定位政府的公共服务角色，限制政府职能的扩大。市场经济条件下的政府能力是有限的，不可能提供全面的公共服务。这就决定了政府在提供公共服务时只能量力而行，有所为有所不为，尽量将可以由市场提供的准公共产品交给市场负责。同样，政府代替私人生产公共产品提供公共服务并不一定是最好的方案，政府要做的并非代替私人经营，而是提供制度以及对制度的实施予以监督。因此，要保证公共服务质量和效率，政府可以从直接经营竞争性物品和生产供给服务中逐渐退出，转让给市场和社会来完成，并且可以在公共物品的生产和供给方面选择多样化的机制，如与私人合作、公开竞标或合同出租等。

另一方面，保证市场在资源配置中发挥决定性作用，改变政府主导的经济增长方式。和计划经济下市场在政府调节下发挥作用有所不同，市场的决定性作用主要是指市场自主地发挥决定性作用，而不是在政府调节下发挥作用。多年来，市场在经济运行中只发挥基础性作用，政府主导的经济增长方式产生了价格扭曲、财富向政府集中，以及产业结构不合理等弊端，这就要求政府在进行宏观调控时，仅调节通货膨胀、失业率增加，以及利率等影响宏观经济稳定的因素。在市场机制有效运行的前提下，将大部分调控经济的空间留给市场，保证市场的自主性，即不仅要保证市场自主决定资源配置的方向，而且要保证市场价格自主地在市场上形成。

正确处理政府和市场的关系不仅有助于充分发挥市场作用，而且有助于政府在市场失灵时能够及时出台合理的政策进行矫正。在这种条件下，市场的自由有序运转会给各类企业进行有序竞争带来活力，在一定程度上保证居民可支配收入的增加，从而间接地促进居民消费。

（二）正确处理中央和地方的关系

公共产品的完善是大力拉动居民消费的重要条件，前提是应正确处理好中央政府和地方政府之间的关系，保证各级政府为居民提供健全的公共服务，进而创造有利的消费环境。通过分析各级政府的职能，并结合中国实际情况，正确处理好中央政府和地方政府的关系应该做到以下几点。

首先，适度加强中央政府的事权，将涉及市场规则和国家重大利益的支出责任作为中央政府的核心职能，保证居民的基本生活福利。具体来说，中央政府应该从国家整体利益的角度出发，积极提供纯公共产品，包括国防、外交、环境保护、资源保护以及重大基础设施建设等。中央政府和地方政府应共同负责在省际具有外部性的准公共物品，包括教育、医疗、社会保险、网络通信以及交通设施等。中央政府的职责不仅要保证国家整体的经济利益，而且应重点保证居民的切身利益。为了建立一个公平合理、运行有序的消费市场，中央政府还应积极控制物价指数、调整产业布局、确定重要税种税率，并协调好跨区域政府间的公共事务等。

其次，保证地方政府提供公共服务的数量和质量，优化居民消费环境。应将地方无力承担的事权转移至中央政府，或由中央通过转移支付的方式与地方共同承担，从而更好地保证政府服务居民的质量。地方政府的事权职责具体包括：根据国家法律法规和宏观政策的相关规定，结合各个地区的发展现状，有针对性地制定地区性法规、政策和规划；合理使用各地区的有利资源，带动经济发展和社会进步；充分发挥地方财政的资源配置职能，保障本地区的社会福利、教育培训、卫生保健等社会服务，使本地居民学有所教、病有所医、住有所居等，提高居民消费的积极性；协调好本地区政府之间的管理和行政关系，使各级基层政府都能运行有序，充分为居民做好各项服务工作。

最后，正确界定中央和地方政府的共同责权范围。如某项公共产品属于中央政府的职能范围，但是出于效率或者其他方面的考虑，其提供职责应以中央政府为主，由地方分头去做；或者本应属于地方提供的公共产品，由于其社会经济效益的外部性，其成本与受益范围涉及其他地方政府辖地的，由中央政府帮助协调，有关的地方政府进行配套承担等。为了提高居民的生活质量，一些大的社会福利或公共服务项目，如医疗、教育、社会保障等，需要建立费用分担机制，其费用往往需要由多级政府共同分担。

正确处理中央和地方的关系有助于政府更好地提供各类公共产品和公共服务，从而为居民创造更好的消费环境，并进一步提高居民的生活水平。由于中国目前处于市场经济的转型时期，政府干预仍不可避免，各级政府应正确定位自身的职责，做到更好地为市场和居民服务。

参考文献

中文文献

安体富,2008,《民生财政:我国财政支出结构调整的历史性转折》,《地方财政研究》第 5 期。

白景明,2013,《深化财税改革的三个基点》,《人民论坛》第 S2 期。

卞志村、杨源源,2016,《结构性财政调控与新常态下财政工具选择》,《经济研究》第 3 期。

蔡江南,1990,《试论我国周期性和结构性财政赤字》,《财经研究》第 11 期。

操玲娇,2011,《中国抑制性消费格局的形成和演变(1953-2008)》,天津教育出版社,第 16~36 页。

陈斌开、陈琳、谭安邦,2014,《理解中国居民消费的不足:基于文献的评述》,《世界经济》第 7 期。

陈工,2001,《公共支出管理研究》,中国金融出版社,第 20~28 页。

陈工、袁星侯,2007,《财政支出管理与绩效评价》,中国财政经济出版社,第31~49页。

陈共、昌忠泽,2002,《美国财政政策的政治经济分析》,中国财政经济出版社,第35~61页。

陈建宝、戴平生,2008,《我国财政支出对经济增长的乘数效应分析》,《厦门大学学报》(哲学社会科学版)第5期。

陈宪,2012,《对"结构性减税"的再期待》,《文汇报》5月15日,第005版。

陈晓光、张宇麟,2010,《信贷约束、政府消费与中国实际经济周期》,《经济研究》第12期。

迟福林,2012,《消费主导:中国转型大战略》,中国经济出版社,第21~43页。

储德银,2011,《财政政策促进居民消费的作用机理与影响效应研究》,博士学位论文,东北财经大学财政税务学院。

楚尔鸣、鲁旭,2007,《基于面板协整的地方政府与居民消费关系的实证检验》,《湘潭大学学报》(哲学社会科学版)第6期。

丛树海,2002,《财政支出学》,中国人民大学出版社,第52~76页。

邓明,2013,《财政支出、支出竞争与中国地区经济增长效率》,《财贸经济》第10期。

邓子基,2008,《财政学》,高等教育出版社,第62~84页。

邓子基、王开国、张馨,1993,《财政支出经济学》,经济科学出版社,第16~92页。

董直庆、滕建洲,2007,《我国财政与经济增长关系:基于Bootstrap仿真方法的实证检验》,《数量经济技术经济研究》第1期。

樊纲、魏强、刘鹏,2009,《中国经济的内外均衡与财税改革》,《经济研究》第8期。

樊丽明、李齐云，2001，《中国地方财政运行分析》，经济科学出版社，第 32~61 页。

范剑平，2000，《居民消费与中国经济发展》，中国计划出版社，第 14~47 页。

方红生、郭林，2010，《中国财政政策对居民消费的非线性效应：理论和实证》，《经济问题》第 9 期。

方红生、张军，2009，《中国地方政府竞争、预算软约束与扩张偏向的财政行为》，《经济研究》第 12 期。

方红生、张军，2010，《中国财政政策非线性稳定效应：理论和证据》第 2 期。

付敏杰，2014，《市场化改革进程中的财政政策周期特征转变》，《财贸经济》第 10 期。

高培勇，2010，《世界主要国家财税体制：比较与借鉴》，中国财政经济出版社，第 72~100 页。

高培勇，2014，《由适应市场经济体制到匹配国家治理体系——关于新一轮财税体制改革基本取向的讨论》，《财贸经济》第 3 期。

高学武、张丹，2014，《地方政府支出与私人投资：挤入还是挤出》，《财贸经济》第 1 期。

龚辉文，2009，《国外应对当前金融危机的税收政策比较》，《税务研究》第 7 期。

官永彬、张应良，2008，《转轨时期政府支出与居民消费关系的实证研究》，《数量经济技术经济研究》第 12 期。

郭长林，2016，《积极财政政策、金融市场扭曲与居民消费》，《世界经济》第 10 期。

郭长林、胡永刚、李艳鹤，2013，《财政政策扩张、偿债方式与居民消费》，《管理世界》第 2 期。

郭庆旺、贾俊雪，2010，《财政分权、政府组织结构与地方政府支出规模》，《经济研究》第 11 期。

郭小聪，2011，《政府经济学》，中国人民大学出版社，第 58～93 页。

郭新强、胡永刚，2012，《中国财政支出与财政支出结构偏向的就业效应》，《经济研究》第 2 期。

国务院发展研究中心课题组，2009，《中国：在应对危机中寻求新突破》，《管理世界》第 6 期。

韩晓琴，2008，《公共财政支出结构的调整与优化探析》，《财政研究》第 10 期。

何代欣，2016，《中国财政政策取向》，《中国经济报告》第 10 期。

何帆，2009，《世界主要发达经济体应对金融危机的措施及其效果评述》，《经济社会体制比较》第 4 期。

胡东兰、夏杰长，2013，《中国财政收支结构与居民消费率关系的实证研究》，《黑龙江社会科学》第 2 期。

胡蓉、劳川奇、徐荣华，2012，《政府支出对居民消费具有挤出效应吗》，《宏观经济研究》第 2 期。

胡书东，2002，《中国财政支出和民间消费需求之间的关系》，《中国社会科学》第 6 期。

胡永刚、郭长林，2013，《财政政策规则、预期与居民消费——基于经济波动的视角》，《经济研究》第 3 期。

胡永刚、郭新强，2012，《内生增长、政府生产性支出与中国居民消费》，《经济研究》第 9 期。

胡永刚、杨智峰，2009，《财政农业支出对农村产出与居民消费影响的 SVAR 分析》，《数量经济技术经济研究》第 7 期。

黄赜琳，2005，《中国经济周期特征与财政政策效应》，《经济研究》第6期。

贾俊雪、郭庆旺，2010，《市场权力、财政支出结构与最优财政货币政策》，《经济研究》第4期。

贾康、程瑜，2011，《论"十二五"时期的税制改革——兼谈对结构性减税与结构性增税的认识》，《税务研究》第1期。

荆林波，2012，《关于扩大消费的若干问题研究》，经济科学出版社，第107~121页。

蓝相洁、陈永成，2015，《民生性财政支出与城乡居民消费差距：理论阐释与效应检验》，《财政研究》第3期。

李广众，2005，《政府支出与居民消费：替代还是互补》，《世界经济》第5期。

李俊生、李贞，2012，《外国财政理论与实践》，经济科学出版社，第51~92页。

李淑霞，2006，《俄罗斯制度转型中财政分权问题研究》，《哈尔滨工业大学学报》（社会科学版）第4期。

李树培、白战伟，2009，《改革开放三十年政府支出与居民消费关系的动态演变——基于时变参数模型的考察》，《财经科学》第9期。

李晓芳、高铁梅、梁云芳，2005，《税收和政府支出政策对产出动态冲击效应的计量分析》，《财贸经济》第2期。

李晓嘉、蒋承、吴老二，2016，《地方财政支出对居民消费的空间效应研究》，《世界经济文汇》第1期。

李义平，2011，《论中国经济发展中的失衡与校正》，《经济学动态》第4期。

李永友，2008，《财政政策的凯恩斯效应和非凯恩斯效应》，《上海财经大学学报》第4期。

李永友，2009，《多级政府体制下财政支出政策的调控效果：

理论与实证》,《数量经济技术经济研究》第 1 期。

李永友,2010,《需求结构失衡的财政因素:一个分析框架》,《财贸经济》第 11 期。

李永友、丛树海,2006,《居民消费与中国财政政策的有效性:基于居民最优消费决策行为的经验分析》,《世界经济》第 5 期。

李永友、钟晓敏,2012,《财政政策与城乡居民边际消费倾向》,《中国社会科学》第 12 期。

林致远、张馨,2011,《财政政策与经济稳定》,厦门大学出版社,第 18~79 页。

刘东皇、谢忠秋、王志华,2015,《中国消费驱动的"推拉力"分析——兼论中国需求动力结构的转换》,《中央财经大学学报》第 1 期。

刘贵生、高士成,2013,《我国财政支出调控效果的实证分析——基于财政政策与货币政策综合分析的视角》,《金融研究》第 3 期。

刘江会、董雯、彭润中,2016,《两次金融危机后我国财政支出结构对居民消费率影响的比较分析》,《财政研究》第 1 期。

刘金全、梁冰,2005,《我国财政政策作用机制与经济周期波动的相依性检验》,《财贸经济》第 10 期。

刘俊英、冯海龙,2011,《政府转型、公共支出调整与中国经济发展》,中国社会科学出版社,第 27~65 页。

刘隆亨,2012,《以结构性减税为契机,推进税制结构的调整和完善》,《中国税务报》6 月 20 日,第 008 版。

刘溶沧、赵志耘,1998,《财政政策论纲》,经济科学出版社,第 52~77 页。

刘宛晨、袁闯,2006,《我国财政支出的消费传导效应分析》,

《消费经济》第 8 期。

刘志强，2006，《财政政策的作用机制和政策风险的动态计量研究》，上海社会科学院出版社，第 42~95 页。

娄峰、李雪松，2009，《中国城镇居民消费需求的动态实证分析》，《中国社会科学》第 3 期。

卢千里，2010，《财政支出绩效评价的原理和方法》，经济科学出版社，第 43~94 页。

吕冰洋，2011，《财政扩张与供需失衡：孰为因？孰为果？》，《经济研究》第 3 期。

吕冰洋、毛捷，2014，《高投资、低消费的财政基础》，《经济研究》第 5 期。

吕炜，2004，《体制性约束、经济失衡与财政政策——解析 1998 年以来的中国转轨经济》，《中国社会科学》第 2 期。

吕炜、储德银，2011，《财政政策对私人消费需求的非线性效应：基于 OECD 跨国面板数据的经验分析》，《经济社会体制比较》第 1 期。

马国贤，2001，《中国公共支出与预算政策》，上海财经大学出版社，第 35~76 页。

马强，2004，《我国居民消费不足的成因与对策》，《宏观经济管理》第 5 期。

毛军、刘建民，2016，《财税政策、路径依赖与中国居民消费的区域均衡发展》，《中国经济问题》第 1 期。

毛军、王蓓，2015，《我国地方政府支出影响居民消费：正向传导还是反向倒逼》，《财政研究》第 2 期。

毛其淋，2011，《地方政府财政支农支出与农村居民消费——来自中国 29 个省市面板数据的经验证据》，《经济评论》第 5 期。

倪红日、张亮，2012，《基本公共服务均等化与财政管理体制改革研究》,《管理世界》第 9 期。

牛倩,2010,《后危机时期财政政策的优化选择》,硕士学位论文,东北财经大学财政税务学院。

牛倩、刘恒,2014,《完善分税制改革的对策》,《税务研究》第 1 期。

欧阳日辉,2008,《宏观调控中中央与地方关系》,中国财政经济出版社,第 21~84 页。

潘彬、罗新星、徐选华,2006,《政府购买与居民消费的实证研究》,《中国社会科学》第 5 期。

潘文卿、范庆泉、周县华,2015,《消费性财政支出效率与最优支出规模:基于经济增长的视角》,《统计研究》第 11 期。

彭晓莲、李玉双,2013,《我国政府支出对居民消费的影响分析》,《统计与决策》第 10 期。

秦晖,2009,《美国的病因,中国的良药:破除两种尺蠖效应互动——全球经济危机的缘由及根本解决之道》,《南方周末》4 月 23 日,第 E31 版。

任碧云、王留之,2010,《中国消费与投资关系的调整及其机制研究》,南开大学出版社,第 27~46 页。

任兴洲,2010,《扩大消费需求:任务、机制与政策》,中国发展出版社,第 52~66 页。

沈立人,1998,《地方政府的经济职能和经济行为》,上海远东出版社,第 35~61 页。

石柱鲜、刘俊生、吴泰岳,2005,《我国政府支出对居民消费的挤出效应分析》,《学习与探索》第 6 期。

谭韵,2009,《刺激居民消费的财税政策选择》,《税务研究》第 1 期。

田青,2011,《中国居民消费需求变迁及影响因素研究》,科学出版社，第 52~93 页。

田志刚，2010，《地方政府间财政支出责任划分研究》，中国财政经济出版社，第 17~58 页。

童锦治、李星，2013，《论地方政府"土地财政"对居民消费的影响——基于全国地市级面板数据的估计》，《财经理论与实践》第 7 期。

王宏利，2006，《中国政府支出调控对居民消费的影响》，《世界经济》第 10 期。

王立勇，2010，《财政政策效应：理论研究与经验分析》，中国人民大学出版社，第 23~72 页。

王立勇，2012，《财政货币政策非线性效应与宏观调控有效性研究》，中国人民大学出版社，第 51~85 页。

王娜、张磊，2011，《中国财政支出拉动农村居民消费研究》，中国社会科学出版社，第 61~94 页。

王青，2005，《收入差距对居民消费需求影响的实证分析》，《社会科学辑刊》第 3 期。

王旭祥，2011，《货币政策与财政政策协调配合：理论与中国经验》，格致出版社，第 26~68 页。

王延军，2007，《政府支出与居民消费：替代或互补——基于非线性有效消费函数的实证》，《经济经纬》第 1 期。

王雍君，2000，《中国公共支出实证分析》，经济科学出版社，第 45~68 页。

王玉凤、刘树林，2015，《财政支出结构对居民消费的动态影响——基于 DSGE 的实证分析》，《系统工程理论与实践》第 2 期。

王云，2011，《英国经济面临内忧外患，复苏前景堪忧》，《中国货币市场》第 10 期。

王云川，2003，《消费需求的宏观调控》，西南财经大学出版社，第 82~124 页。

魏杰，2009，《如何全方位地启动内需》，《经济界》第 1 期。

闻潜，2005，《消费启动与收入增长分解机制》，中国财政经济出版社，第 91~106 页。

武晓利、晁江锋，2014，《财政支出结构对居民消费率影响及传导机制研究》，《财经研究》第 6 期。

肖建华、黄蕾、肖文军，2015，《社会性基本公共服务财政支出与居民消费关系的实证分析：基于 2007－2012 年省级面板数据》，《财经理论与实践》第 3 期。

徐振宇，2010，《中国农村居民消费发展报告》，知识产权出版社，第 53~74 页。

许宪春，2013，《准确理解中国的收入、消费和投资》，《中国社会科学》第 2 期。

〔匈〕亚诺什·科尔内，1986，《短缺经济学》，经济科学出版社，第 10~36 页。

闫坤、程瑜，2009，《新形势下促进居民消费的财政政策研究》，《宏观经济研究》第 5 期。

闫坤、程瑜，2010，《我国收入分配差距现状及财政政策选择》，《地方财政研究》第 6 期。

闫坤、于树一，2011，《论全球金融危机下的中国结构性减税税务研究》，《税务研究》第 1 期。

严成樑、徐翔，2016，《生产性财政支出与结构转型》，《金融研究》第 9 期。

杨翔、李长洪，2016，《城乡异质性、财政支出结构与中国宏观经济波动》，《财贸经济》第 7 期。

杨斌，1999，《治税的效率和公平：宏观税收管理理论与方法的研究》，经济科学出版社，第 84~121 页。

杨玲玲、史为磊，2013，《解开束缚中国居民消费的绳索》，云南教育出版社，第 77~138 页。

杨晓华，2009，《中国财政政策效应的测度研究》，知识产权出版社，第 46~110 页。

杨子晖，2011，《政府债务、政府消费与私人消费非线性关系的国际研究》，《金融研究》第 11 期。

杨子晖、温雪莲、陈浪南，2009，《政府消费与私人消费关系研究：基于面板单位根检验及面板协整分析》，《世界经济》第 11 期。

俞建国、王蕴，2010，《"十二五"时期扩大消费需求的思路和对策研究》，《宏观经济研究》第 2 期。

俞建国、王蕴，2012，《"十二五"时期扩大消费需求的思路和对策研究》，中国计划出版社，第 24~91 页。

袁志刚，2011，《中国居民消费前沿问题研究》，复旦大学出版社，第 66~97 页。

袁志刚、朱国林，2002，《消费理论中的收入分配与总消费——及对中国消费不振的分析》，《中国社会科学》第 2 期。

苑德宇、张静静、韩俊霞，2010，《居民消费、财政支出与区域效应差异——基于动态面板数据模型的经验分析》，《统计研究》第 2 期。

〔英〕约翰·梅纳德·凯恩斯，2012，《就业、利息和货币通论》，经济管理出版社，第 21~106 页。

臧旭恒、刘国亮，2010，《新经济增长路径——消费需求扩张理论与政策研究》，商务印书馆，第 40~78 页。

臧旭恒、孙文祥，2003，《城乡居民消费结构：基于 ELES 模型和 AIDS 模型的比较分析》，《山东大学学报》第 6 期。

张德勇，2013，《财政支出政策对扩大内需的效应——基于

VAR 模型的分析框架》，《财贸经济》第 8 期。

张海星，2009a，《地方政府债务的监管模式与风险控制机制研究》，《宁夏社会科学》第 5 期。

张海星，2009b，《进一步扩大内需的策略与财税政策的选择》，《税务研究》第 7 期。

张海星，2011，《公共债务》，东北财经大学出版社，第 124~183 页。

张荐华、马子红、马桑，2010，《地方政府视角的公共经济学研究》，人民出版社，第 29~72 页。

张少华，2013，《财政冲击对私人消费的挤入挤出效应研究——基于 OECD 国家的 PVAR 估计》，《上海经济研究》第 3 期。

张书云，2010，《中国农村居民消费水平与消费结构研究》，经济科学出版社，第 55~86 页。

张馨，1994，《论我国的财政政策乘数》，《财政研究》第 7 期。

张馨，1999，《公共财政论纲》，经济科学出版社，第 106~211 页。

张馨，2004，《比较财政学教程》，中国人民大学出版社，第 39~94 页。

张馨，2012，《论第三财政》，《财政研究》第 8 期。

张馨，2013，《再论第三财政——"双元财政"视角的分析》，《财政研究》第 7 期。

张昭立，2001，《财政支出改革研究》，经济科学出版社，第 21~64 页。

张治觉，2008，《中国政府支出与经济增长：理论和实证研究》，湖南人民出版社，第 35~81 页。

赵蓓、战岐林，2010，《税收、政府支出与消费变动的关系——基于省际面板数据的实证分析》,《当代财经》第 11 期。

赵志耘,2002,《财政支出经济分析》,中国财政经济出版社,第 57~82 页。

郑开焰、蔡雪雄,2010,《财政货币政策刺激居民消费的效应分析》,《经济学动态》第 11 期。

郑尚植,2012,《财政支出结构扭曲与居民消费——基于我国省级面板数据的实证研究》,《岭南学刊》第 2 期。

郑筱婷、蒋奕、林暾,2012,《公共财政补贴特定消费品促进消费了吗?——来自"家电下乡"试点县的证据》,《经济学(季刊)》第 7 期。

朱翠华、武力超,2013,《地方政府财政竞争策略工具的选择:宏观税负还是公共支出》,《财贸经济》第 10 期。

朱红恒,2011,《中国农村居民消费不足的制度性原因及宏观后果研究》,中国社会科学出版社,第 71~92 页。

英文文献

Afonso, A., Sousa, R. M. 2012. "The Macroeconomic Effects of Fiscal Policy." *Applied Economics* 44 (34): 4439 – 4454.

Ahmed, S. 1986. "Temporary and Permanent Government Spending in An Open Economy: Some Evidence for the United Kingdom." *Journal of Monetary Economics*: 197 – 224.

Alesina, A., Ardagna, S. 2010. *Large Changes in Fiscal Policy: Taxes Versus Spending.* Chicago: The University of Chicago Press.

Arellano, M., Bond, S. 1991. "Some Tests of Specification for Panel Data: Monte Carlo Evidence and An Application to Employment Equations." *The Review of Economic Studies* 58 (2): 277 – 297.

Arellano, M., Bover, O. 1995. "Another Look at the Instrumental Variable Estimation of Error-Components Models." *Journal of Econometrics* 68（1）：29 – 51.

Aschauer, David Alan. 1985. "Fiscal Policy and Aggregate Demand." *American Economic Review* 75：117 – 27.

Aschauer, D. A. 1985. "Fiscal Policy and Aggregate Demand." *The American Economic Review* 75（1）：117 – 127.

Bailey, M. J. 1971. *National Income and the Price Level.* New York：McGraw-Hill.

Barro, R., 1990. "Government Spending in a Simple Model of Endogenous Growth." *Journal of Political Economy* 98（1）：103 – 117.

Barro, R. J. 2009. "Government Spending is No Free Lunch." *Wall Street Journal*：22.

Baxter, M., King, R. G. 1993. "Fiscal Policy in General Equilibrium." *The American Economic Review*：315 – 334.

Blanchard, O., Perotti, R. 2002. "An Empirical Characterization of the Dynamic Effects of Changes in Government Spending and Taxes on Output." *The Quarterly Journal of Economics* 117（4）：1329 – 1368.

Blundell, R., and Bond, S. 1998. "Initial Conditions and Moment Restrictions in Dynamic Panel Data Models." *Journal of Econometrics* 87：115 – 143.

Bouakez, H., Rebei, N. 2007. "Why Does Private Consumption Rise after A Government Spending Shock?" *Canadian Journal of Economics/Revue canadienne déconomique* 40（3）：954 – 979.

Buiter, W. H. 1977. "Crowding out and the Effectiveness of Fiscal Policy." *Journal of Public Economics* 7 (3): 309 - 328.

Caldara, D., Kamps, C. 2008. "What Are the Effects of Fiscal Shocks? A VAR-based Comparative Analysis."

Campbell, John Y. 1987. "Does Saving Anticipate Declining Labor Income? An Alternative Test of the Permanent Income Hypothesis." *Econometrica*: 1249 - 73.

Campbell, John Y. and Mankiw, N. Gregory. 1990. "Permanent Income, Current Income, and Consumption." *Journal of Business and Economic Statistics* 8: 265 - 79.

Campbell. 1994. "Inspecting the Mechanism: An Analytical Approach to the Stochastic Growth Model." *Journal of Monetary Economics*: 463 - 506.

Cashin, P. 1995. "Government Spending, Taxes, and Economic Growth." *Staff Papers-International Monetary Fund*: 237 - 269.

Coenen, G., Straub, R. 2005. "Does Government Spending Crowd in Private Consumption? Theory and Empirical Evidence for the Euro Area." *International Finance* 8 (3): 435 - 470.

Cogan, J. F., Cwik, T., Taylor, J. B., et al. 2010. "New Keynesian Versus Old Keynesian Government Spending Multipliers." *Journal of Economic Dynamics and Control* 34 (3): 281 - 295.

Cogan, J. F., Cwik, T., Taylor, J. B., et al. 2010. "New Keynesian Versus Old Keynesian Government Spending Multipliers." *Journal of Economic Dynamics and Control* 34 (3): 281 - 295.

Cwik, T., Wieland, V. 2011. "Keynesian Government Spending Multipliers and Spillovers in the Euro Area." *Economic Policy* 26 (67): 493 - 549.

Dolls, M., Fuest, C., Peichl, A. 2012. "Automatic Stabilizers and Economic Crisis: US vs. Europe. " *Journal of Public Economics* 96 (3): 279 – 294.

Dynan, K. E. , Edelberg, W. , Palumbo, M. G. 2009. "The Effects of Population Aging on the Relationship among Aggregate Consumption, Saving, and Income. " *The American Economic Review* 99 (2): 380 – 386.

Edelberg, W. , Eichenbaum, M. , Fisher, J. D. M. 1999. "Understanding the Effects of A Shock to Government Purchases. " *Review of Economic Dynamics* 2 (1): 166 – 206.

Fatás, A. , Mihov, I. 2001. *The Effects of Fiscal Policy on Consumption and Employment: Theory and Evidence*. Centre for Economic Policy Research.

Friedman, M. 1957. *A Theory of the Consumption*. Princeton: Princeton University Press.

Furceri, D. , Sousa, R. M. 2011. "The Impact of Government Spending on the Private Sector: Crowding-out Versus Crowding-in Effects. " *Kyklos* 64 (4): 516 – 533.

Gali, Jordi, J. David Lopez-Saldo, and Javier Valles. 2004. "Understanding the Effects of Government Spending on Consumption. " European Central Bank, Working Paper. No. 339.

Gali, Lopez-Salido, and Valles. 2007. "Understanding the Effects of Government Spending on Consumption. " *Journal of the European Economic Association* 5 (1): 227 – 270.

Gali, J. , J. Valles. 2005. "Understanding the Effects of Government Spending on Consumption. " NBER Working Paper, No. 1157.

Gali, J. , López-Salido, J. D. , Vallés, J. 2007. "Understanding the Effects of Government Spending on Consumption. " *Journal of* the European Economic Association 5 (1): 227 – 270.

Ganelli, G., Tervala, J. 2009. "Can Government Spending Increase Private Consumption? The Role of Complementarity." *Economics Letters* 103 (1): 5 – 7.

Giavazzi, F., Jappelli, T., Pagano, M. 2000. "Searching for Non-linear Effects of Fiscal Policy: Evidence from Industrial and Developing Countries." *European Economic Review* 44 (7): 1259 – 1289.

Giavazzi, F., Pagano, M. 1996. "Non-Keynesian Effects of Fiscal Policy Changes: International Evidence and the Swedish Experience." *National Bureau of Economic Research*.

Goldstein, M. 1998. *The Asian Financial Crisis: Causes, Cures, and Systemic Implications*. Washington: Peterson Institute.

Gupta, S., Verhoeven, M., Tiongson, E. R. 2002. "The Effectiveness of Government Spending on Education and Health Care in Developing and Transition Economies." *European Journal of Political Economy* 18 (4): 717 – 737.

Hall, R. E. 1979. "Stochastic Implications of the Life Cycle-Permanent Income Hypothesis: Theory and Evidence." NBER Working Paper: R0015.

Hjelm, G. 2002. "Is Private Consumption Growth Higher (Lower) during Periods of Fiscal Contractions (Expansions)?" *Journal of Macroeconomics* 24 (1): 17 – 39.

Ho, T. 2001. "Consumption and Government Spending Substitutability Revisited: Evidence from Taiwan." *Scottish Journal of Political Economy* 48 (5): 589 – 604.

Ho, T. 2002. "The Government Spending and Private Consumption: A Panel Cointegration Analysis." *International Review of Economics & Finance* 10 (1): 95 – 108.

Horvath, M. 2009. "The Effects of Government Spending Shocks on Consumption under Optimal Stabilization." *European Economic Review* 53 (7): 815 – 829.

Hsiao Cheng. 2003. Analysis of Panel Data. Cambridge: Cambridge University Press.

Karras, G. 1994. "Government Spending and Private Consumption: Some International Evidence." *Journal of Money, Credit and Banking* 26 (1): 9 – 22.

Kneller, R., Bleaney, M. F., Gemmell, N. 1999. "Fiscal Policy and Growth: Evidence from OECD Countries." *Journal of Public Economics* 74 (2): 171 – 190.

Kormendi, R. C., Meguire, P. 1990. "Government Debt, Government Spending, and Private Sector Behavior: Reply and Update." *The American Economic Review* 80 (3): 604 – 617.

Kormendi, R. C. 1983. "Government Debt, Government Spending, and Private Sector Behavior." *The American Economic Review* 73 (5): 994 – 1010.

Landau, D. 1983. "Government Expenditure and Economic Growth: A Cross-Country Study." *Southern Economic Journal*: 783 – 792.

Linnemann, L., Schabert A. 2004. "Can Fiscal Spending Stimulate Private Consumption?" *Economics Letters* 82 (2): 173 – 179.

Linnemann, L. 2006. "The Effect of Government Spending on Private Consumption: A Puzzle?" *Journal of Money, Credit and Banking*: 1715 – 1735.

Modigliani, F. , Sterling, A. 1986. "Government Debt, Government Spending and Private Sector Behavior: Comment. " *The American Economic Review* 76 (5): 1168 – 1179.

Mountford, A. , Uhlig, H. 2009. "What Are the Effects of Fiscal Policy Shocks?" *Journal of Applied Econometrics* 24 (6): 960 – 992.

Nieh, C. C. , Ho, T. 2006. "Does the Expansionary Government Spending Crowd out the Private Consumption: Cointegration Analysis in Panel Data. " *The Quarterly Review of Economics and Finance* 46 (1): 133 – 148.

Peacock, A. T. , Wiseman, J. 1979. "Approaches to the Analysis of Government Expenditure Growth. " *Public Finance Review* 7 (1): 3 – 23.

Perotti, R. , Kontopoulos Y. 2002. "Fragmented Fiscal Policy. " *Journal of Public Economics* 86 (2): 191 – 222.

Perotti, R. 1999. "Fiscal Policy in Good Times and Bad. " *The Quarterly Journal of Economics* 114 (4): 1399 – 1436.

Persson, T. , Tabellini, G. 2004. "Constitutional Rules and Fiscal Policy Outcomes. " *American Economic Review* : 25 – 45.

Ramey, Valerie and Mattew D. Shapiro. 1998. "Costly Capital Reallocation and the Effects of Government Spending. " *Carnegie-Rochester Conference Series on Public Policy* 48: 145 – 194.

Ramey, V. A. 2011. "Identifying Government Spending Shocks: It's all in the Timing. " *The Quarterly Journal of Economics* 126 (1): 1 – 50.

Schclarek, A. 2007. "Fiscal Policy and Private Consumption in Industrial and Developing Countries. " *Journal of Macroeconomics* 29

(4): 912 – 939.

Spilimbergo, A., Symansky, S., Blanchard, O., et al. 2009. "Fiscal Policy for the Crisis." Available at SSRN 1339442.

Sutherland, A. 1997. "Fiscal Crises and Aggregate Demand: Can High Public Debt Reverse the Effects of Fiscal Policy?" *Journal of Public Economics* 65 (2): 147 – 162.

Tagkalakis, A. 2008. "The Effects of Fiscal Policy on Consumption in Recessions and Expansions." *Journal of Public Economics* 92 (5): 1486 – 1508.

图书在版编目（CIP）数据

财政支出、居民消费与财政政策选择／牛倩著．——北京：社会科学文献出版社，2017.3
（广州大学·青年博士学术文库）
ISBN 978 - 7 - 5201 - 0216 - 2

Ⅰ．①财… Ⅱ．①牛… Ⅲ．①财政支出 - 财政政策 - 影响 - 居民消费 - 研究 - 中国 Ⅳ．①F812.2②F126.1

中国版本图书馆 CIP 数据核字（2017）第 005589 号

广州大学·青年博士学术文库
财政支出、居民消费与财政政策选择

著　　　者 /	牛　倩
出　版　人 /	谢寿光
项目统筹 /	宋月华　韩莹莹
责任编辑 /	周志宽　韩莹莹
出　　　版 /	社会科学文献出版社·人文分社（010）59367215
	地址：北京市北三环中路甲29号院华龙大厦　邮编：100029
	网址：www.ssap.com.cn
发　　　行 /	市场营销中心（010）59367081　59367018
印　　　装 /	三河市东方印刷有限公司
规　　　格 /	开　本：787mm×1092mm　1/16
	印　张：11.75　字　数：151千字
版　　　次 /	2017年3月第1版　2017年3月第1次印刷
书　　　号 /	ISBN 978 - 7 - 5201 - 0216 - 2
定　　　价 /	76.00元

本书如有印装质量问题，请与读者服务中心（010 - 59367028）联系

▲ 版权所有 翻印必究